CONVERSIÓN Y RECONCILIACIÓN

VII JORNADAS DE ACTUALIZACIÓN
TEOLÓGICO-PASTORAL PARA SACERDOTES

© Ediciones Universidad San Dámaso
 Jerte, 10
 E - 28005 Madrid, 2024
 Teléf.: 91 364 40 18
 publicaciones.ad@sandamaso.es

ISBN: 978-84-17561-97-0
D L : M-16198-2024

En portada: Murillo, Bartolomé Esteban, *La conversión de san Pablo*, 1675-1682. Óleo sobre lienzo, 125×169 cm, (P000984). Madrid, Museo Nacional del Prado.
©Archivo Fotográfico Museo Nacional del Prado

Impreso en papel 100% procedente de bosques gestionados de acuerdo con criterios de sostenibilidad.

CONVERSIÓN Y RECONCILIACIÓN

VII JORNADAS DE ACTUALIZACIÓN TEOLÓGICO-PASTORAL PARA SACERDOTES

Gabriel Richi Alberti (ed.)

Madrid 2024

EDICIONES
UNIVERSIDAD SAN DÁMASO

ÍNDICE

Javier Mª Prades López

RECTOR MAGNÍFICO UESD

Las VII Jornadas de Actualización Teológico-Pastoral para sacerdotes, organizadas conjuntamente por la Vicaría del Clero de la Archidiócesis de Madrid y la Facultad de Teología de nuestra Universidad, quieren aunar la reflexión y la dimensión testimonial de sacerdotes y otros agentes de pastoral implicados en los ámbitos en los que se quiere profundizar en cada ocasión.

Este año han sido dedicadas al tema *Conversión y Reconciliación*. El tema no puede ser de mayor actualidad, como podrá comprobar el lector del presente volumen que recoge las intervenciones de los ponentes de las tres jornadas. La necesidad de conversión y de reconciliación atraviesa nuestra vida personal y social. Si levantamos un momento la vista y nos fijamos en todas las situaciones de conflicto que conocemos, ya sea en el plano internacional y nacional, o en la convivencia más próxima en nuestros barrios, en nuestras familias y en las comunidades cristianas, comprenderemos fácilmente el alcance de esta sorprendente necesidad de algo que sólo se puede recibir gratis, como es la conversión personal y pastoral, y cuyo fruto es la reconciliación en cada uno de esos ámbitos de la vida humana a los que me he referido y que es tan necesaria.

El papa Francisco nos ha recordado con frecuencia que para recomenzar en la vida de las personas y de las sociedades el camino pasa por lo que llama una "reconciliación reparadora". Para poder vivir en todos los ambientes las exigencias de la verdad y de la justicia hace falta una reconciliación auténtica. Y aunque no falten voces en nuestra cultura que sostienen que la reconciliación es el recurso de los débiles, de los perdedores, que pretenden disimular así las injusticias, el Papa insiste en que el perdón y la reconciliación están arraigados en la entraña del cristianismo, cuyo mensaje evangélico propone vencer el mal con el bien, desde dentro de los conflictos y tensiones que se dan una y otra vez en el ámbito personal, familiar, social e internacional. Esta aspiración obliga desde luego a reflexionar con calma porque, bien mirado, la reconciliación es un hecho personal, que no se puede imponer a los demás, aun cuando debamos promoverla siempre. No es posible algo así como establecer por decreto una "reconciliación general", pretendiendo cerrar las heridas o las injusticias que otros han sufrido. Por ello es tan recomendable seguir la propuesta del Papa cuando nos dice que «si la música del Evangelio deja de vibrar en nuestras entrañas, habremos perdido la alegría que brota de la compasión, la ternura que nace de la confianza, la capacidad de reconciliación que encuentra su fuente en sabernos siempre perdonados-enviados. Si la música del Evangelio deja de sonar en nuestras casas, en nuestras plazas, en los trabajos, en la política y en la economía, habremos apagado la melodía que nos desafiaba a luchar por la dignidad de todo hombre y mujer» (*Fratelli tutti*, 277). La reflexión que se ha desarrollado a lo largo de las jornadas nos permitió, precisamente, apreciar en su profundidad el valor del perdón que nace de la pasión de Cristo, para escuchar y hacer resonar la música del Evangelio que nos lleve a nosotros, en primer lugar, a todo el pueblo cristiano y a nuestros hermanos los hombres, a vibrar con ella y convertirnos en un lugar eficaz de reconciliación en la historia doliente de la humanidad.

Las Jornadas que publicamos no han querido ser sólo un momento de profundización teológica y cultural, sino que perseguían una asimilación existencial y espiritual de esta necesidad de reconciliación y de conversión. Por esta razón, nos será de mucha ayuda también la reciente exhortación apostólica en la que el Papa afirma que «sólo la confianza, "nada más", no hay otro camino por donde podamos ser conducidos al Amor que todo lo da. Con la confianza, el manantial de la gracia desborda en nuestras vidas, el Evangelio se hace carne en nosotros y nos convierte en canales de misericordia para los hermanos» (*C'est la confiance*, 2).

Ojalá que la lectura de estas páginas toque todas las dimensiones de nuestra vida. Que nos permita aprender a la luz de la reflexión cultural, antropológica y teológica, que nos permita acoger el don del Espíritu del Resucitado, fuente del perdón y de la reconciliación, y que nos impulse en nuestro servicio a la sociedad y a la Iglesia en Madrid, para que seamos un factor efectivo de vida humana reconciliada.

PECADO Y CONVERSIÓN VISTOS DESDE LA ANTROPOLOGÍA MIMÉTICA

Ángel Barahona Plaza

UNIVERSIDAD FRANCISCO DE VITORIA

> *Quisiera plantear la hipótesis de que el texto del Génesis y el "pecado original", dan cuenta metafóricamente del nacimiento del hombre psicológico, es decir, del hombre, de la pareja y del deseo. Quisiera también mostrar que el nacimiento de este hombre psicológico, como el del hombre social, se efectúa por mecanismos puramente miméticos*[1].

Nos encontramos en un momento de la historia de la humanidad que ha interiorizado el nihilismo profetizado por Nietzsche. Experimentamos un cambio de era, como dice el papa Francisco, un cambio radical de paradigma que afecta a todos los niveles de la vida.

Los conceptos que formaban parte de nuestro entramado cultural han perdido su significado primigenio y han sido devaluados, y expulsados del acervo cotidiano. El amor, la muerte, el sentido de la vida se han banalizado. El *pecado*, un término epistemológica y teológicamente imprescindible para conocerse uno a sí mismo, para entender y fortale-

---

[1]   J.-M. Oughourlian, *La Genèse du désir* (Carnetsnord, Paris 2007) 75.

cer los lazos sociales, es uno de los excluidos de la palestra académica, social y cotidiana. La *auto afirmación nihilista* ha cuajado en el alma de los hombres de hoy en día. Una mirada sobre la actualidad ratifica la evolución de la *humanidad hacia un momento a-moral* inaugurado por este nihilismo de moda. La irrupción de los llamados por Nietzsche «últimos hombres»[2] se ha consumado: la amoralidad, paradójicamente, es el fundamento último de la vida moral. Cada hombre ha devenido su propio dios para discernir el bien del mal y ya estamos siendo testigos de las consecuencias.

Por eso me atrevo a afirmar que es necesario rescatar el concepto de pecado y su valor en los distintos ámbitos de la relación y el conocimiento humanos. Esto implica repensarlo e introducir, aparejado a su rehabilitación, el concepto de conversión, aportando una nueva luz desde la antropología mimética, para la sanación de unas relaciones humanas deterioradas por el pecado. Para ello voy a recurrir a tesis de investigadores girardianos que tratan de poner en conexión la Revelación con las ciencias humanas.

A MODO DE ATRIO: EL LIBRO DEL GÉNESIS Y LA TEORÍA MIMÉTICA

Para la teoría mimética, el Génesis contiene las claves de la cultura humana. El libro de Jean Michel Oughourlian empieza con el relato de una serie de experiencias clínicas de las que extrae un primer par de intuiciones: «Todos los pacientes presentaban puntos en común: 1.- Ninguno de ellos sufría de una enfermedad mental tipificada. 2.- Todos tenían un problema que les amargaba la vida»[3]. Las intuiciones que se esconden detrás de esta afirmación son claras: la *primera* es que lo que estaba "enfermo" no era ni uno ni otro de los protagonistas, sino la relación

---

2   F. Nietzsche, *Así hablo Zaratustra*, Prólogo V. "Descripción de la cultura futura" (Alianza, Madrid 1981) 39-40.

3   Oughourlian, *La Genèse du désir*, 19.

que los unía. Lo que estaba en juego en la relación eran las expectativas del deseo de cada uno respecto del deseo del otro: puro mimetismo de reciprocidad. Si Dios no existe, el otro toma su lugar como modelo y como obstáculo. Establecemos relaciones de ida y vuelta en las que adoramos y deseamos ser adorados, pero el otro nunca cumple esas expectativas, por lo que vivimos en un estado de decepción permanente que nos induce al solipsismo, al juicio y la acusación permanente. La *segunda* es que muchos tratan de ir al terapeuta (entiéndase amigo, acompañante, confesor, *partner*) para descargar sobre él el cúmulo de experiencias victimarias que atribuyen al otro ser culpable de su desgracia o desasosiego. Buscan una relación duelista, rival, para lo cual es importante clarificar si el "paciente" quiere colaborar con el terapeuta contra su problema o busca un nuevo sparring intelectual para afirmar sus razones, su deseo neurótico de tener razón contra el que sea. La *tercera* es que el deseo es el motor que nos lleva a la vida, nos humaniza, nos empuja a unirnos, a asociarnos tanto como a separarnos u odiarnos. El deseo nos modela en la medida que nos anima a desvelar nuestros sentimientos y buscar en el otro su asentimiento, su proximidad, su amistad, su reconocimiento. Al mismo tiempo, se reconoce que es la causa de la rivalidad, de la violencia, del sufrimiento, de las relaciones desasosegantes. Una *cuarta* y última es el descubrimiento de que el sufrimiento en las relaciones humanas se esconde bajo las formas de celos, envidia, desamor, competencia, soledad, ansiedad, etc. Cuando las parejas advierten que la atracción que sentían el uno por el otro escondía un juego de espejos narcisistas insatisfechos, se convierte en motivo de distanciamiento que escala incluso hasta la violencia[4]. El otro se convierte en el infierno sartreano.

Las paradojas a las que nos vemos abocados en nuestras relaciones son explicables, para Oughourlian, por el mimetismo. Negar el peso de esta realidad nos conduce a convertir en obstáculos a todos aquellos que copiamos. Nos mueve a una oposición incesante para afir-

---

4   Cf. A. BARAHONA, *El amor en tiempos incrédulos* (Encuentro, Madrid 2023).

mar nuestra primariedad en el deseo. Nuestra engañosa espontaneidad, autonomía, nutre nuestra voluntad de dominar, sostiene la rivalidad en el tiempo y nos apresta al combate. Nuestro deseo no es lineal, original, ni espontáneo, es triangular, sugerido por mediadores, fuente de satisfacción y de conflicto simultáneamente.

Este proceso del devenir conflictivo en las relaciones humanas hay que rastrearlo en Génesis: el pecado del que habla Génesis es la autoafirmación del ser humano que constituye, primero, a Dios en rival, después, a todo hombre. De esa primigenia relación con Dios, que sirve de paradigma a las relaciones con los otros seres humanos, la teoría mimética extrae una serie de principios básicos:

1. La rivalidad siempre está emparejada con el mimetismo constitutivo. Desearé más aquello que mi rival me sustrae: «no podéis comer de ese árbol»[5]. El deseo nos conduce a una escalada a peor de la rivalidad.

2. Se exacerba hasta el punto de que me interesa más la propia rivalidad que el otro y que el objeto en disputa. Entramos así en el dominio de la psicopatología. Una "transferencia" vengativa me embarga: si me priva de uno de los objetos del deseo es como si me privase de todos. Sacamos la conclusión: me limita porque me envidia y me odia.

3. La mayor parte de las enfermedades psicopatológicas: histeria, fobias, angustias, pasiones destructoras, celos obsesivos, anorexias, bulimias, violencias gratuitas, ansiedad, neurosis, son enfermedades del deseo. Cuando la rivalidad, inducida por el deseo, nos liga demasiado intensamente al modelo para imitarlo o para rechazarlo, o una serie de modelos diferidos, nos convertimos en esclavos de esa relación hostil.

---

5 Gn 2,16-17: «Y le dio esta orden: "Puedes comer de todos los árboles que hay en el jardín, exceptuando únicamente el árbol del conocimiento del bien y del mal. De él no deberás comer, porque el día que lo hagas quedarás sujeto a la muerte"».

4. Cuando la rivalidad se pone en marcha en torno a objetos incompartibles, indivisibles, no puede dejar de suscitarse el conflicto: "o es tuyo o es mío". Si irrumpe un tercero en la relación duelista, surge la alianza entre dos contra uno que convierten al otro en tercero sobre el que arrojar las propias miserias. Es la figura que la teoría denomina "chivo expiatorio" (*pharmakoi*).

5. Cuando la imitación es aceptada o reconocida como tal es liberadora y protege en lugar de ser una amenaza.

6. Es la naturaleza del deseo la que nos constriñe a imitarnos y a estar siempre bajo la influencia de aquellos que nos rodean. Nuestros sentimientos serían la expresión externa de estas relaciones.

7. Paradoja: no es todo negativo, curiosamente, *es porque nos copiamos sin cesar por lo que podemos ser nosotros mismos*. La alteridad y la movilidad de nuestro deseo, sus cambios especulares son en realidad la fuente de nuestro aprendizaje incesante, la posibilidad de escapar de la naturaleza que nos sería dada de antemano, que nos encerraría en una identidad definitiva y estéril.

Es el Génesis, para la teoría mimética, el que inspira este descubrimiento del deseo que subyace al concepto de pecado. Pone en evidencia las ilusiones del deseo, la apariencia de autonomía, de nuestra diferencia radical, de todas las falsas diferencias que entraña, y muestra a las claras la alteridad que nos atraviesa y nos modifica sin cesar: Dios, la serpiente, la mujer, son terceros simbólicos (Ricoeur) en la relación constituyente del yo. Sin ellos yo no sé quién soy.

Dios, para la teoría mimética, no es un *alter ego* como son los otros hombres. Ese Otro que me configura puede, *si nuestra relación escapa* a la rivalidad Creador/creatura, hacer de mí una imagen de Dios reconciliada consigo misma y con los demás. Si no escapamos de la rivalidad, de la comparación agraviada, la escalada mimética hacia la hostilidad en las relaciones se pone en marcha.

Esta hostilidad creciente que puede alcanzar cotas extremas (crimen de Caín) no es una fatalidad cósmica, porque hay una posibilidad de retorno mediante el arrepentimiento, el perdón y la reconciliación. Esta vía nos permite entender la instancia que Génesis propone como paradisiaca: volver a la comunión con Dios y con Eva. Pero para retornar al paraíso es necesaria la conversión. El modelo solo se convierte en rival si la sombra de la sospecha cae sobre la gratuidad o no de su amor. El círculo que nos encierra en una paradoja irresoluble es que esa posibilidad es el primer acto de amor gratuito, precisamente porque incluye, curiosamente, la libertad para enjuiciar al modelo y lanzar sobre él la sospecha. Si hay un reconocimiento de la bondad intencional detrás del Modelo (DIOS) se puede dar la conversión, el retorno a la comunión. Si se mantiene la sospecha, sucede la expulsión y la autodeclaración de víctima expiatoria. Por eso, un mundo sin Dios está abocado a una cultura *woke*, a una justicia interseccional, a la guerra de todos contra todos, o del todos contra uno. La cancelación de la revelación judeocristiana no hace más que poner en evidencia este proceso. Nuestra cultura no puede admitir que el teatro sobre el que se monta nuestra cosmovisión del mundo está dominado por la *méconnaissance*[6]: el mecanismo de

---

6   *Méconnaissance* es un concepto fundamental dentro de la teoría mimética. Se podría traducir como «ignorancia» o «desconocimiento», pero se perderían algunas de las connotaciones que Girard hace explícitas a lo largo de su obra. Se trata de conocer a medias la inocencia/culpa de la víctima emisaria. *Desconocer medio conociendo* -sin hacerlo explícito, una vez que se ha conocido de algún modo-, el papel de nuestra propia violencia en la constitución de las culturas. Es esencial, como señala el propio Girard, para la estructuración de lo religioso, pero no se agota en lo religioso. En el hombre moderno, secularizado, se daría una doble *méconnaissance:* la de la violencia y su poder fundacional dentro del marco ritual de lo religioso y la de lo religioso como origen de lo humano. La *méconnaissance* es "fundacional", no sólo porque acompañaría sino más bien porque sería indispensable para la fundación de la cultura. La *méconnaissance* no es, por consiguiente, una simple circunstancia ambiental o accesoria del proceso descrito por la teoría mimética, sino que es la clave, y la condición

expulsión funciona mientras sigamos creyendo que tenemos razón, que los demás son culpables. Solo sabemos ser y crear víctimas.

Expuesto sintéticamente el contenido del presente ensayo, procedemos ahora a su desarrollo.

1. Los pasos de una antropología teológica basada en Génesis según la teoría mimética

1.1. El lenguaje y la libertad son dos condiciones inapelables que se anticipan al deseo mimético originante del pecado histórico de la humanidad

Son dones pre-recibidos antes de que el hombre dé un paso moral. Si no, no podría discernir si lo que hace está bien o mal. No tendría sentido la advertencia de no comer del árbol -singularizado en medio del jardín como una nueva diferencia-, sino estuviera provisto de esa capacidad moral. Se trata, como dicen san Agustín y santo Tomás, de una reivindicación de autonomía moral, un intento de invertir el orden divino. Es a partir de ese momento en el que interviene el pecado histórico anclado en la naturaleza humana de carácter mimético.

La posibilidad de hacerlo es derivada de esa condición de imagen y semejanza de Dios, y porque está en su plan que aprendamos a discernir para que la relación de amistad sea libre y amorosa, no

---

sine qua non, para el despliegue y culminación de dicho proceso, y que explica tanto la hominización como la creación de la cultura mediante el mecanismo de la víctima propiciatoria que lo funda. El proceso, en otras palabras, sólo funciona y sólo puede funcionar si es *méconnu* por los que participan en él. No es conveniente confundir esto con la falta de libertad de los actores (verdugos y víctimas) implicados. Girard no se plantea nunca estas cuestiones propias de la "antropología filosófica". La cuestión no es tanto que los hombres involucrados "tengan" que hacer o no lo que hacen a sabiendas, sino que *"no saben lo que hacen"*, en el sentido mismo de la misteriosa afirmación de Cristo, que Girard recoge inteligentemente para apuntalar su hipótesis.

dependiente, sumisa y competitiva. Por esto, en el árbol está mezclado el mal y el bien. Según la mística judía esa es la condición del mundo (árbol que nos ofrece sus frutos), y el deseo prohibido, la fuente de todas las diferencias relativas, subjetivas y generadoras de rivalidad fundadas sobre el modelo como obstáculo, primero Dios, modelo por excelencia, después todo hombre.

1.2. PARA DEVENIR HUMANOS HACE FALTA UN ALTER EGO

Es lo que falta para la creación del hombre psicológico: una ayuda "contra él", un igual, un "challenger". Si no hubiera creado un "de cara a él", un "frente" a él[7], no habría posibilidad de dialéctica, de movimiento psicológico del deseo. La Biblia insiste en la identidad del "yo" y del "otro". El yo es siempre un otro preñado de alteridad. Como recita la expresión literal de Gn 2,18, es una ayuda "ante él" casi como frente a un espejo. Los rabinos enfatizan la ambivalencia del sintagma *k e negdô*: puede significar "ante él" o "contra él".

1.3. LA AUSENCIA DE VERGÜENZA

Estaban desnudos significa que entre ellos no advertían todavía diferencia. La ruptura mitológica entre hombre y mujer no es obra de Dios. La ausencia de deseo se define clínicamente como ausencia de vergüenza o de pudor. Esta también es uno de los ingredientes del erotismo, que es ejemplarmente "mezcla" del bien y del mal, de lo positivo y lo negativo, de la atracción y la repulsión, de la ternura y la violencia.

---

7   Cf. P. GENTILI – F. G. VOLTAGGIO – G. LORI, "Il cammino della coppia: dall'eros all'agape: L'antropologia rivelata in Gen 3,1-7, alla luce di un'esegesi psicologica": *La sapienza della croce*, 30/3 (2015) 115-153, aquí 116: «La creación de Eva completa así la imagen y semejanza de Dios según el proyecto de Gn 1,27: "Y creó Dios al hombre a su imagen, a imagen de Dios lo creó; macho y hembra los creó". Hay que tener en cuenta que el texto primero dice "lo creó" y luego "los creó" y aquí se encuentra ya todo: complementariedad en la clara distinción».

El *deseo, arquetipo de esa mezcla*, está ausente en el paraíso por el momento, eso significa la ausencia de pudor ante la desnudez. Donde no existe deseo no hay historia, no pasa nada. La Biblia nos da la clave: la historia aparece cuando aparece el deseo y el deseo es siempre *ser según el otro*. Somos ligamen, neotenia, filiación. El rostro del otro nos configura con su mirada como nos viene diciendo toda la antropología personalista desde Buber a Lévinas, desde Mounier a Wojtyla.

1.4. LA SERPIENTE SÍMBOLO DEL DESEO MIMÉTICO

¿Qué realidad psicológica representa? La serpiente estaba más desnuda que ninguno de los animales, es el símbolo del deseo mimético. Afirma Paul Ricoeur:

> ¿Por qué no haber reducido a Adán el origen del mal? ¿Por qué haber conservado y al mismo tiempo introducido una figura exterior? [...] El Yahvista habría dramatizado en la figura de la serpiente, un aspecto importante de la experiencia de la tentación; la *experiencia de la casi exterioridad*; la tentación sería una especie de seducción desde fuera; se desarrollaría en complacencia ante la aparición que ataca al "corazón"; finalmente pecar sería "ceder" [...] La serpiente presenta pues este aspecto de pasividad de la tentación, flotando en la frontera de lo de fuera y lo de dentro, y que el Decálogo ya llama *"codiciar"* (10º Mandamiento)[8].

---

8 Más adelante añade otra nota interesante: «Desde este momento está claro que la dialéctica de la codicia desborda por todos lados la aventura de la libido; [...] la simbólica de la serpiente opera y descubre un campo inmenso de la "codicia" en el que la sexualidad no es más que una parte», P. RICOEUR, *Introducción a la simbólica del mal* (Megalópolis, Buenos Aires 1976) 395. Se trata de la traducción del tercer volumen de *Le conflict des interpretations* (1969). Ver también: ID., "Le Mal: un défi à la philosophie et à la théologie" (1986) en : ID. *Lectures 3, Aux frontières de la philosophie* (Seuil, Paris 1994) 211-233.

Pecar contra el décimo mandamiento, que resume todo pecado, es explicable desde el mimetismo envidioso (moralmente hablando), rivalizante (socio-psicológicamente hablando). El otro siempre aparece a nuestros ojos como más feliz, con más prestigio, envidiable. Por eso la moda (vestirse como él); el consumismo (ostentar el mismo estatus que él); la competitividad rival (lo que él tiene es deseable porque lo tiene él, pero no puede ser compartido); curiosamente la industrialización de los objetos y el igualitarismo no solo no han sido la solución sino la exacerbación de la mímesis de apropiación y antagonismo. Cuanto más semejantes nos obligamos a ser, por la envidia comparativa, más exaltamos el narcisismo de las pequeñas diferencias (decía ya Freud) que multiplican en pequeños átomos la bomba retardada de la violencia que acumula el resentimiento.

¿Qué produce la catástrofe de la pérdida del paraíso?: la irrupción de un tercero, la serpiente, *alegoría de la codicia*[9], -del deseo mimético: *seréis como dioses*- es la que separa a los hombres de Dios, y hace entrar la rivalidad entre Adán y Eva, y entre ambos y Dios, y el resto de los hombres. *La Gaya ciencia* ya intuía que la muerte de Dios no traería la realización y la felicidad, sino la irrupción de pequeños dioses en antagonismo permanente. Los *últimos hombres* se verían obligados a ser cuidadosos, miedosos, políticamente correctos, resignados a no aspirar más que a pequeños placeres discretos para no provocar la violencia *irinia* apelando a la *hibris* furibunda de los otros dioses. Imitándose unos a otros para no sobresalir demasiado, conteniendo la ira -en los confines

---

9   R. GIRARD, *Veo a satán caer como el relámpago* (Anagrama, Barcelona 2002) 23: «algunas traducciones de la Biblia conducen al lector por una falsa pista. En principio, el verbo "codiciar" sugiere que se trata aquí de un deseo fuera de lo común, un deseo perverso, reservado a los pecadores impenitentes. Pero el término hebreo traducido por "codiciar" significa, sencillamente, "desear". Con él se designa el deseo de Eva por el fruto prohibido, el deseo que condujo al pecado original. La idea de que el decálogo dedique su mandamiento supremo, el más largo de todos, a la prohibición de un deseo marginal, reservado a una minoría, es difícilmente creíble. El décimo mandamiento tiene que referirse a un deseo común a todos los hombres, al deseo por antonomasia».

de lo woke- hasta el estallido incontenible, explosión incontrolable de violencia.

Vayamos por partes a conectar con la fuente de inspiración bíblica de la teoría mimética. Primero: la sinuosidad se experimenta en el lenguaje: ¿*todos* los árboles del jardín han sido prohibidos? "Todos" significa no poder comer de *ninguno* (Biblia de Jerusalén), lo cual va más allá: si alguien te prohíbe algo te prohíbe todo. Siembra la desconfianza, apunta a la reserva celosa de algo que a mí se me priva. La *comparación* entre un árbol y los demás no es más que un signo del papel que la *comparación* juega en el sufrimiento humano (vayamos si no a los modelos en las redes, en la TV, los perfiles y los juegos de la moda). La diferencia de nuevo viene certificada por la *prohibición*. Segundo: hay otra sutil diferencia, pues Dios no ha prohibido *tocar* el árbol sino *comer* de él (*se puede investigar, pero no alterar las condiciones del mundo*). Tercero: la serpiente conduce la relación mimética no sobre *el tener*, sino sobre *el ser* del modelo (*seréis como él*); deducible de la poca importancia de este tener, de la ausencia de todo esfuerzo por apropiarse de él (basta tender la mano: la industrialización de los objetos del deseo todavía lo hace más fácil) y que, sobre todo, los atributos ontológicos obtenidos por la transgresión no tienen relación con el objeto. La manzana (fruto de la imaginación literaria) no es motivo, como los corderos de Abel frente a las lechugas de Caín no son motivo, el objeto sólo conduce al ser del modelo. Apropiarse de su suerte, de su saber, de su poder. Pasamos así del deseo mimético por el objeto en disputa al *deseo metafísico*. La triangularidad marca que lo que nos magnetiza y atrae no es el objeto, sino a Aquel que lo señala como deseable y que automáticamente se convierte en obstáculo para mí, porque lo verdaderamente valioso no es compartible. O es suyo o es mío, y si lo que le da el ser a mi antagonista a mis ojos es la ostentación de ese objeto, fechitizamos al modelo-mediador que lo ostenta y lo revestimos de un aura de carácter metafísico (véase a nuestra sociedad de la comunicación fabricando por minuto ídolos a los que adorar, en el fútbol, en la política, en las redes). Solo que al final no podemos dejar de entrar en rivalidad de apropiación y

ÁNGEL BARAHONA PLAZA

antagonismo. Se disputa por "nada": prestigio, reconocimiento, orgullo, en definitiva "ser o no ser" ante la mirada de los demás, por eso el suicidio, la depresión y los fenómenos neuróticos obsesivos, la ansiedad son la enfermedad del siglo XXI, para Oughourlian.

2. El deseo metafísico en las Sagradas Escrituras

Todos los personajes bíblicos desarrollan un estéril vaivén entre el orgullo y la vergüenza, altivez y bajeza, cuya mezcla, Girard, denomina, en un primer momento, *deseo metafísico*. Nos revela la inanidad del deseo, nos aboca a la nada, la muerte óntica (no-ser), nos deja solos frente a frente con el mediador, sin objeto. Adán con Dios, primero, luego con Eva, a Caín con Abel, a Jacob con Esaú, José con sus hermanos, Job con los amigos y con Dios. Girard nos da las claves exegéticas de las Sagradas Escrituras:

> Poseemos ahora un sujeto-mediador y un mediador-sujeto. Cada cual imita al otro a la vez que afirma la prioridad y la anterioridad de su propio deseo. Cada cual ve en el otro un perseguidor enormemente cruel. Todas las relaciones son simétricas [...] Todo lo que sugiere a uno, lo sugiere también al otro, incluido el deseo de diferenciarse a cualquier precio. Así pues, los hermanos enemigos siempre avanzan para mayor rabia, por los mismos caminos[10].

Jacob y Esaú, José y sus hermanos, reproducen a Caín y Abel, como estos a Adán y Eva. Todo parece arrastrar a los rivales hacia el abismo. La imitación es tan perfecta que se confunden, contagian, se

---

10 Id., *Mentira romántica, verdad novelesca* (Anagrama, Barcelona 1985) 93. De ahora en adelante citado como MRVN.

aproximan hasta generar el inevitable conflicto[11]. Un conflicto que puede ser tanto violento como sutil, podríamos decir "metafísico": en el fondo, se rivaliza por "nada", por un pensamiento, por una sospecha, por una acusación. Remito a la exégesis de los pasajes bíblicos de hermanos en mis artículos de las revistas *Contagion* y *El Olivo*[12].

El espacio existencial que trata de iluminar la Biblia en las relaciones humanas es toda una antropología, que la gran literatura occidental reproduce en todos sus dramas debido a la inevitable herencia cultural.

> El genio novelesco se eleva por encima de las oposiciones engendradas por el deseo metafísico. Intenta mostrarnos su carácter ilusorio. Supera las caricaturas rivales del Bien y del Mal que nos proponen las facciones. Afirma la identidad de los contrarios al nivel de la mediación interna. Pero no lleva al relativismo moral. El mal existe [...] y es el propio deseo metafísico, es la *transcendencia desviada* lo que cose a los hombres al revés, separando lo que pretende unir, uniendo lo que pretende separar. El mal es el pacto negativo del odio al que tantos hombres se adhieren estrictamente a favor de su propia destrucción[13].

El análisis que Génesis desarrolla tematizando el pecado nos desvela el paradigma fundamental de la conflictividad humana, tanto

---

11 ID., *La violencia y lo sagrado* (Anagrama, Barcelona 2006) 204: «el sujeto desea el objeto porque el rival también lo desea. Es decir, que es la pura rivalidad mimética la que hace confluir los deseos. Esta sencilla tesis desbarata la idea marxista que dice lo contrario, que es la convergencia de muchos individuos sobre los mismos objetos deseados lo que genera la lucha de clases». De ahora en adelante citado como VS.

12 Cf. A. BARAHONA, "Hermenéutica de las historias bíblicas de hermanos", en: P. LÓPEZ, *La biblia en la era audiovisual* (Col. Digital, Serie Experiencias; UFV, Madrid 2019) 31-45; ID., "From Cain and Abel to Esau and Jacob": *CONTAGION: Journal of Violence, Mimesis and Culture* 8 (2001) Spring, 1-20; ID., "Paradigmas escriturarios judeocristianos para una convivencia pacífica": *El Olivo* 35 (2011) 7-55.

13 MRVN, 174.

del hombre psicológico como sociológico. La transfiguración del otro en objeto y del sujeto objetualizado en obstáculo[14]. La *transcendentalización desviada* del otro convertido en ídolo. Génesis está, para Girard, detrás de casi todos los dramas novelísticos como una especie de paradigma cultural de las relaciones humanas conflictivas. Esta idea es la base de *Mentira romántica, verdad novelesca,* y de *Shakespeare, los fuegos de la envidia.* Los dramas de la gran literatura son versiones del problema fundamental que plantea Génesis, que tratan de resolver el conflicto haciendo lecturas renovadas de los pasajes bíblicos.

2.1. LA TRANSFIGURACIÓN DEL OBJETO BAJO EL EFECTO DEL DESEO

El objeto vale más cuando más obstaculizado es (prohibido, reservado). Se metamorfosea su virtud. El objeto representa las virtudes del modelo; comerlo es, no solo parecerme a él, es ser él, trasgredir es poseer el ser del otro, sustituirle en el placer, en el reconocimiento de los demás, en el estatus social que ostenta (ejemplo típico para Girard es *El Hombre del subterráneo* de Dostoievski). Ese tabú está protegido por una amenaza: la muerte. Pero la serpiente relativiza la prohibición poniendo a Dios al nivel de un rival: es para reservarse un privilegio, el conocimiento del bien y del mal. El modelo es un obstáculo para mi realización. Dios es el obstáculo por excelencia por su inaccesibilidad. Detrás de los obstáculos fácilmente superables se encierra la decepción.

---

14 «Al leer el décimo mandamiento, se tiene la impresión de estar asistiendo al proceso intelectual de su elaboración. Para impedir a los hombres que luchen entre sí, el legislador intenta primero prohibirles todos los objetos que sin cesar se están disputando, y decide para ello confeccionar su lista. Pero enseguida cae en la cuenta de que esos objetos son demasiado numerosos: es imposible enumerarlos todos. En vista de lo cual se detiene en su camino, renuncia a hacer hincapié en los objetos, que cambian constantemente, y se vuelve hacia aquello, o más bien hacia aquel, que siempre está presente: el prójimo, el vecino, el ser de quien, sin duda, *se desea todo lo que es suyo*», ID., *Veo a satán caer como el relámpago* (Anagrama, Barcelona 2002) 26.

Cuanto más resiste el modelo más atractivo y magnético se vuelve (es una de las ideas que subyace al valor social de la castidad)[15].

2.2. TODO DESEO ES RIVALIZANTE Y TODA RIVALIDAD ES DESEANTE. SE EXACERBAN MUTUAMENTE

El paso del deseo al acto es debido a la rivalidad con el modelo: reservándose el objeto que él me prohíbe, el modelo se reserva un suplemento del ser, un saber y un poder de los que me priva. Él es mi rival y yo estoy herido.

> Cuanto más disminuye la distancia entre el mediador y el su-
> jeto, más se reduce la diferencia, se precisa el conocimiento y
> se intensifica el odio. Lo que el sujeto condena en el 'Otro' es
> siempre su propio deseo, pero no lo sabe. El odio es individua-
> lista, alimenta salvajemente la ilusión de una diferencia absoluta
> entre este 'Yo' y este 'Otro' a los que ya no los separa nada[16].

Los deseos son idénticos, y sólo la *méconnaissance* de esta verdad me permite investirme de moral y persuadirme a mí mismo de que yo encarno el bien y el modelo el mal. A partir de aquí empieza la denuncia de la diferencia, la percepción de la desnudez del otro, la ausencia de protección, la exposición al deseo del rival. El sentimiento de desnudez

---

15 Una de las tesis fundamentales de Girard en torno al deseo es que nos imitamos porque creemos que los otros tienen la llave del éxito que se nos niega a nosotros. Imitamos *como desea el otro el deseo*, más que los objetos, por eso no podemos evitar enfrentarnos con el otro como obstáculo. Crece el *valor* del objeto deseado en proporción a la *resistencia-obstáculo*. Atrae cuanto más prohibido, no por LEY según Freud, sino porque es deseado por el modelo y obstaculizado. Si el valor se mide por su resistencia se *fetichiza* la violencia hasta convertir al modelo en un perseguidor amado. La libido morbosa reconduce el deseo del ello según la mirada del otro al objeto de deseo.

16 MRVN, 71.

no es natural, *(son los más desnudos de todos los animales)* es cultural[17], viene del otro, de su mirada, de la alteridad, como el propio deseo.

La Biblia confirma este análisis: «¿Quién te ha dicho que estabas desnudo? "El *quién* remite al mediador-modelo": ¿Has comido del árbol del que te había prohibido comer? (Gn, 3,11)». Lo importante de este texto es que Dios desplaza la cuestión hacia el problema del *mediador* del deseo. *"¿Quién?"* Lo dice como una constatación, no como una reprimenda. La cólera de Dios se dirige al primer mediador, al obstáculo, al Satán, al "escándalo". A la "piedra de tropiezo", al "tentador": a partir de este momento el hombre conoce la *acusación* como modo de relación universal. Satán, el Tentador es el "acusador", el fiscalizador, etimológicamente hablando. Habiendo comido y constatada la diferencia, Adán y Eva son a partir de ese momento esclavos: han entrado en la historia, pertenecen al mundo, han salido del paraíso de un deseo no rivalizante. El texto del Génesis reconstruye de un plumazo una transcendencia anterior al deseo humano: si la escalada mimética produce lo sagrado, es decir, el sacrificio ritual del otro, la falsa transcendencia («Seréis como dioses») produce la humanidad, pero una humanidad imperfecta que tiene necesidad de ser educada, para reencontrar la inocencia que ha perdido.

---

17   «Un ser capaz de imitar a su semejante, ya no está sometido estrechamente, y solamente, a la dimensión genética de la mímesis universal que reproduce de generación en generación los mismos esquemas de comportamiento y las mismas reacciones. Esta capacidad mimética, ya que es específicamente cultural, confiere al hombre su libertad: podrá imitar a todos los hombres y podrá imitar a Dios, esto es lo que implica su creación y lo que la hace radicalmente diferente de todos los demás», P. RICOEUR, "Philosophie de la volonté –II", en: ID., *Finitud et culpabilité*, (Aubier, Paris 1960-1988) 391. «Esta capacidad le hace ser creador, innovador, co-creador, es un animal inacabado… participa en su propia creación. Es espectador y creador de su propia historia, su futuro depende de su voluntad. Se libera por la *dimensión espacial* de la mímesis que le hace capaz de copiar una forma o un gesto en el espacio, y apropiarse de los gestos y técnicas de otros: *la repetición*», OUGHOURLIAN, *La gènese du dèsir*, 79-80.

Dios no habría prohibido un fruto sino puesto en guardia al hombre contra la tentación mimética de querer usurpar el ser al otro.

Gn 3,22: «Y dijo Yahveh Dios: «¡He aquí que el hombre ha venido a *ser como* uno de nosotros!».

Sigue siendo un imitador, una copia, y su descubrimiento del bien y del mal es *como si* fuera un Dios. Es una ilusión mimética y diabólica a la vez, de la que el hombre será, a partir de ese momento, prisionero y juguete, convencido de estar del lado del bien y combatiendo el mal que es el otro. Verá perfectamente la paja en el ojo del otro, estableciendo las diferenciaciones que conforman las divergencias culturales, artificiales, imaginarias y las instituciones que las regulan. Las prohibiciones y los tabúes que sostienen la cultura derivan del miedo a la libertad del otro que con su sola presencia me hace menos de lo que soy: la envidia mimética es constitutiva de la condición humana natural.

Si la serpiente es la alegoría del deseo mimético, si es la insinuación de la sospecha entre los amantes, el veneno de la rivalidad estará siempre en todas las relaciones. Lo mismo que hay una literatura para definir el amor romántico-mítico e ideal, también la hay para describir la pasión que se alimenta de la rivalidad: la persona amada pierde su estatuto de sujeto, de mitad complementaria del otro, para devenir objeto de deseo. El juego de la rivalidad es el tercer polo del triángulo amoroso, el "triángulo francés" de James Joyce: *el marido, la mujer y el amante*, se traduce en Dios -modelo- la mujer y el hombre. El hombre en lugar de elegir por modelo a un Dios que no quiere rivalizar ha elegido a la mujer como modelo rival. «Puesto que tú has escuchado la voz de tú mujer en lugar de la mía y has comido del árbol [...] maldito sea el suelo por tu causa» (Gn 3,17).

Dios pronuncia la expulsión, que no es una condenación sino una constatación, una profecía realizada. Tendrá que vivir, a partir de ese momento, luchando contra la realidad hostil que se resiste y contra el otro. La alteridad se presentará para siempre paradójica: como auto-poiesis y como obstáculo.

2.4. La expulsión nos mete en el tiempo convirtiéndonos en "masa"

Introducidos en el tiempo y la historia por el pecado, privados de la eternidad, repetimos una y otra vez el mismo esquema: hay que dar suelta al deseo de ser, pero ¿a dónde mirar que nos sugiera el atajo hacia lo deseable si Dios ha desaparecido del horizonte?

La psicología podría focalizar sobre la mímesis[18] la posibilidad de una ley universal, al estilo que la teoría de la gravitación lo es para la física. La hipótesis de Oughourlian es que

> los fenómenos humanos están gobernados por un principio úni-
> co, la mímesis universal. [...] la manifestación más fundamental
> y elemental de este principio es la fuerza de atracción de los
> seres humanos de los unos a hacia los otros, que determinan
> el interés que se demuestran mutuamente [...] esta fuerza es
> proporcional a la masa de cada uno e inversamente proporcio-
> nal al cuadrado de la distancia que les separa[19].

¿Qué puede entenderse por "masa" en psicología? Aquello que cada uno representa para el otro, la atracción que cada uno ejerce sobre otro. La masa puede designar también lo que el nombre indica: la mímesis desencadena una multitud, la fuerza de cohesión de un grupo o de una masa es proporcional al número de individuos que la

---

18 Girard prefiere el término mimetismo al de imitación como explica cuando dice que «yo utilizo las dos palabras, pero no indistintamente. En el mimetismo hay un menor grado de consciencia, y en la imitación la consciencia es mayor», R. Girard, *Les origines de la culture* (Desclée de Brouwer, Paris 2004) 54.

19 Oughourlian, *La genèse du désir,* 150.

componen[20]. Genesis acabaría en la torre de Babel (Gn 11,2-4), donde la humanidad-masa en relación mimética con Dios, replicaría Adan-Eva en relación con el Creador. El pecado es la conversión del individuo persona en masa indiferenciada en la que todos y cada uno de los que la componen imita al otro, esperando consumar así su sed de ser, su autopoiesis particular para suplantar a Dios. El problema es que esta autorrealización se hace sobre las espaldas del otro, como modelo a imitar o como chivo expiatorio. La conversión sería hacer el recorrido contrario: lo que hace Jesús cuando personaliza a la masa que acosa, y asedia a la adúltera de Juan 8. Desmimetiza a la multitud abducida por un sonambulismo colectivo singularizando los gestos: el que esté libre, la primera piedra, se empezaron a marchar de uno en uno...etc. El sonambulismo colectivo queda desamortizado por la singularización que invita a la decisión individual, gesto digno de ser imitado, para el mal, invertido para el bien.

Solo que ésta clara consciencia de los mecanismos de nuestro deseo no es suficiente. La teoría mimética no quiere quedarse encapsulada como *teoría gnóstica*, el conocimiento de los entramados del deseo no basta. No basta saber acerca de los hilos que manejan nuestras relaciones, hay que convertirse. Y esto es el fruto de un encuentro personal. Los colectivos no se convierten, simplemente cambian de líder y de grito, son sonámbulos.

3. El pecado original y sus metamorfosis

Como el pecado original ha sido expulsado de la reflexión filosófica por etiquetarlo de ser un elemento meramente religioso, la filosofía trata de recurrir a los sucedáneos para explicar por qué sufrimos. A lo

---

20 «La sociedad se mantiene unida por sí sola, es decir, más allá o, mejor dicho, más acá de la voluntad y de la conciencia de los individuos que, sin embargo, la componen», J.-P. Dupuy, *El pánico*. (Gedisa, Barcelona 1999) 27.

largo de la historia términos afines han venido a intentar sustituirlo: *hamartia, concupiscencia, apetitus, conatus, libido, voluntad de poder, voluntad de saber, labilidad, fallo trágico*. ¿Qué tienen en común esos términos aplicados a esa intuición universal desde Aristóteles, san Agustín, la escolástica, Spinoza, Freud, Nietzsche, Foucault, Ricoeur o Shakespeare? El concepto de deseo subyace a todos ellos. Pero este concepto cae bajo la ambigua doble semántica que embarga a los exégetas.

Algo deseable por bueno se expresa con la palabra *nehmâd*. Significa "algo bueno". Relacionado directamente con comer, que es la "madre de todas las tentaciones", un sucedáneo de "ser como Dios". Todos los sucedáneos filosóficos tratan de comprender este dar espacio al deseo mimético. Deseo como ambición o codicia se escribe en hebreo *ta 'ăwáh*, también significa avidez, afán[21]. Deseo tiene doble semántica *ḥmd*. En Ezequiel 20, 17 se usa para significar desear o bramar (pasión desordenada). Hay un cambio progresivo en Génesis: carne, tentación de los sentidos (vista/tentación estética) y conocimiento (pensamiento / tentación intelectual) (1 Jn 2,16). Se entiende como concupiscencia de la carne, de los ojos, y soberbia de la vida. Se corresponde con los tres tipos de hombre en Kierkegaard y con las tres tentaciones del desierto. La atracción estética no es más que un pretexto que esconde la "atracción fatal", *ser como* Dios. El orgullo y la soberbia humanas se expresan como "ver" más que Dios, saber más que Dios lo que es bueno malo para mí. Este es el camino que el hombre alienado que confía en la ciencia y la tecnología y que piensa que no necesita de relación con Dios[22].

---

21 Cf. L. Alonso Schökel et alii (ed.), *Diccionario bíblico hebreo- español* (Trotta, Madrid 2008) 790.

22 «Para el hombre de hoy es el camino autojustificatorio y orgulloso de la alienación: yo soy mi propio dios, construyo mi propio cuerpo, mi ser es cultural, depende de mi voluntad, para eso la ciencia –el nuevo dios– me facilitará esa felicidad protésica, estético-quirúrgica si le doy culto. Las consecuciones liberadoras de la libido, el psicoanálisis a la cabeza, y sus herederos, defensores de un deseo desatado de sus constricciones represivas (la ley, el padre o Dios), son la consumación de la opción por no aceptar las condiciones personales o sociales como el lugar dónde el hombre ha de realizar la libertad y sacar su mayor partido», A. Barahona, "Desiertos filosóficos,

Dios era el que "veía" pero ahora Eva, por el influjo del pecado, también "ve". Eso se expresa con el mismo verbo: "bueno y ver" se dice *tôḇ è: "vio Dios que era bueno... tôḇ è...* el mismo verbo que utilizan la serpiente y Eva: conocer lo bueno-bien. «Se le abrieron los ojos» y se vieron desnudos *'êrôn*: desnudo, retoma la raíz *'árum* –(astuto, sabio). Ser desnudado, es quedar a la intemperie de los mandamientos de Dios, de la Ley que protege. Por eso el décimo deja de regular el deseo para pasar a sugerirlo, para compensar la limitación divina que hizo sentir a Eva y Adán que no eran amados por Aquel que les creó. A partir de ahora se trata de buscar a toda costa dónde satisfacer la mirada concupiscente, el deseo de apropiación, alargar la mano codiciosa que ansía el ser del otro. Detenerse en este mandamiento es importante: es la expresión de que si hay algo que prohibir es el deseo de los bienes del otro. El deseo es lo natural lo mejor y lo peor que tenemos. Girard va más allá, no solo es los bienes, sino el ser del otro, ser según el otro, ser lo más parecido al prójimo.

La expresión más clara de no haberse sentido amado es el miedo y la tendencia a recluirse sobre sí mismo. La responsabilidad del pecado va derivando del otro a Dios mismo, el tercero que sirve de chivo expiatorio para eludir la propia responsabilidad (que me haría constar el fracaso y la frustración de no haber logrado ser como Dios) que sería el principio de conversión. El camino de la "conversión del deseo" pasaría de mí al otro culpable, y del otro a Dios, razón de todo lo creado, hasta volver al principio: a mí, al ego soberbio como origen de la catástrofe humana. *Targum Neophity* a Génesis 2, dice que la serpiente es el primer exégeta: siempre se refiere Dios llamándole simplemente "Dios" (*ĕlōhim*), nunca como en el resto del relato en el que el narrador le llama "el Señor Dios" (*YHWH ĕlōhim*). Porque le reconoce como rival y antagonista, no como Señor. Convertirse sería reconocer que solo hay un Señor, y que nuestro pírrico yo no es más que un títere en manos de

---

Nietzsche y la tercera tentación de Cristo": *Revista Española de Teología* 74 (2014) 121-155, aquí 139-140.

ÁNGEL BARAHONA PLAZA

la interpretación satánica. Volver a confiar en su bondad originaria, su gratuidad y sus buenas intenciones para conmigo. Es decir, desear solo ser como él, pero no para suplantarle sino para retornar a la imagen y semejanza originales, no rivalizantes. La propuesta de YHWH, de ser imitado, ser a su semejanza, es porque él no desea nada, es pura gratuidad, por eso no entraría en la dinámica del deseo rivalizante, lo cual sería la garantía de nuestra felicidad.

3.1. La irrupción del hombre psicológico

Ya los Padres de la Iglesia señalaron que el pecado es una especie de "locura espiritual". Que deja una herida no sólo en el alma del hombre, sino también en su cuerpo y psique, dada la inseparable unidad física, psíquica y espiritual de la persona humana. Los filósofos han visto el pecado como una afirmación del hombre de sí mismo, tendente a la emancipación, por tanto, algo positivo y loable. Han visto, en continuidad con esta idea, a la serpiente como un cómplice de la autopoiesis, y la elección consciente, sugerida miméticamente a Eva y de esta a Adán, no como una transgresión sino como un acto de la voluntad conducente a la madurez[23]. El resultado de este itinerario de hominización psicológica encaja con una visión "neognóstica" actualísima: se han borrado las fronteras de discriminación entre el bien y el mal; ya no se habla de "pecado" o de "diablo", porque el hombre de hoy podría sentirse ofendido. La consecuencia es la mundanización de la revelación[24], adecuarse al pensamiento del mundo.

---

23 Es la propuesta de Kant y Hegel. Cf. C. L. Rossetti, "Recensione a A. Fabris, Filosofia del peccato originale": *Rassegna di Teologia* 53 (2012) 339.

24 Aunque el Evangelio debe traducirse al lenguaje actual, no podemos diluir la radicalidad del Evangelio, como bien explica Benedicto XVI en el discurso en el encuentro con los obispos que participaron en el Concilio Ecuménico Vaticano II y los Presidentes de las Conferencias Episcopales, 12 de octubre de 2012: «esta "actualización" no significa una ruptura con la tradición, sino que expresa su continua vitalidad; no significa reducir la fe, rebajarla a la moda de los tiempos, a lo que nos gusta, a lo

El poder epistemológico que tiene el término "pecado" se ha perdido y con él su contenido aleccionador o moralizante. El fallo trágico que supone un ejercicio de la libertad mal usada saca a la luz heridas psicológicas del ser humano que no solo no quedan reparadas por su eliminación del panorama psicopatológico, sino que las multiplica y hace, si cabe, más ostensibles. Si ya no se trata de un tropiezo o error, sino de una decisión libre, lo que queda es sobrepujar para convertir en norma de ley la debilidad. El hombre/devenido dios/ se convierte a sí mismo en el guionista de su propia obra teatral, su vida. En ese escenario todo lo que salga mal tiene que atribuírselo a la maldad del otro o a sus propios errores. Esa es su tragedia.

No obstante, la psicología y la psiquiatría, de acuerdo con la antropología revelada, contribuyen a desvelar estas profundidades del hombre mismo y a sacar a la luz progresivamente el misterio ontológico del ser humano como unidad de cuerpo y espíritu[25]. «La "experiencia humana del cuerpo" puede asumirse hoy como la "encarnación" de una unidad psicofísica indispensable que caracteriza a la persona y que no sólo forma parte del "proceso de formación de la propia imagen"»[26], sino que se expresa también en las profundidades psicológicas del hombre mismo. En este sentido, ratificamos las intuiciones de Girard y de Oughourlian: las ciencias psicosociales corroboran lo que la Biblia trata de hacer explícito, aunque sea a través de una dinámica mítico-simbólica no susceptible de comprobación empírica, a saber, el pecado original deja herido ónticamente al ser humano.

---

que gusta a la opinión pública, sino todo lo contrario: exactamente como hicieron los Padres conciliares, debemos llevar el "hoy". Para vivir a la medida del acontecimiento cristiano, debemos llevar el "hoy" de nuestro tiempo al "hoy" de Dios».

25   «La persona humana, creada a imagen de Dios, es un ser corporal y espiritual», *Catecismo de la Iglesia Católica*, 362. «Unidad de alma y cuerpo, el hombre sintetiza en sí mismo, por su propia condición corporal, los elementos del mundo material», *Gaudium et spes,* 14.

26   San Juan Pablo II, *Audiencia general*, 12 diciembre 1979.

Esta expresión de los procesos psicológicos de la relación ayuda a comprender lo que sucede también hoy en la historia de cada hombre y mujer en las relaciones con Dios y con el otro. El diablo, considerado como el otro extra psíquico, es lo que explicita Génesis 3,8-13, es lo que denomina Oughourlian "el tercero" en la relación. Inductor de la auto afirmación pecaminosa: el diablo. Este "tercero" externo reclama "otro" tercero interno, el *paráclito (abogado defensor de la inocencia de las víctimas),* que en lugar de acusar nos defienda de nosotros mismos[27]. El término "acusador"–Satán/fiscal– es técnico en la teoría mimética. Pero esto nos desvía hacia la sociología que subyace a Génesis… interesantísima: la violencia, el contagio mimético de la masa, el sacrificio expiatorio, la escalada exponencial de la rivalidad, etc.

3.2. LOS EFECTOS SOCIALES DEL PECADO

La percepción de la desnudez del otro, la ausencia de protección, la exposición al deseo del rival, el engaño, la acusación son elementos que irrumpen en la historia para pasar a formar parte de ella para siempre. Las consecuencias no se hacen esperar: el paso del deseo al acto es debido a la rivalidad con el modelo. Reservándose el objeto que él me prohíbe, el modelo se reserva un suplemento del ser (me hiere). Los deseos son idénticos, y sólo la *méconnaissance* de esta verdad me permite investirme de moral y persuadirme a mí mismo de que yo encarno el bien y el modelo el mal. A partir de aquí empieza la denuncia de la diferencia: El sentimiento de desnudez no es natural, es cultural, viene del otro, de su mirada, de la alteridad, como el deseo.

«La exégesis bíblica y la teología muestran cómo el efecto del pecado se manifiesta en todo el ser y la existencia del hombre en relación

---

27 Ap, 12,10: «Oí entonces una fuerte voz que decía en el cielo: "Ahora ya ha llegado la salvación, el poder y el reinado de nuestro Dios y la potestad de su Cristo, porque ha sido arrojado el acusador de nuestros hermanos, el que los acusaba día y noche delante de nuestro Dios"».

con Dios, consigo mismo, con la mujer (el otro) y con todo el mundo externo (los otros)»[28]. El pecado afecta a todo lo humano, en lo personal y en lo relacional: la perversión de la sana relación entre el hombre-mujer, la corrupción de la relación con la realidad natural y social, la descomunión con Dios. Lo que en teoría mimética se denomina "acusación" se convierte en término técnico referido a la acción de acusar al otro de mi desgracia, y, como sustantivo, al Satán. El acusador hace sospechar a los seres humanos de la supuesta bondad del Dios creador. Y si Dios no lo ha hecho bien, lo primero que no ha hecho bien es al uno para el otro. La acusación, el resultado de la acción satánica, lleva en el paso siguiente a que Adán acuse a Eva y a que *él se yerga en víctima*: «la mujer que pusiste a mi lado me dio de comer del árbol» (Gn 3,12) y, por tanto, en verdugo que asumirá la dominación afectivo-emocional (cf. Gn 3,15-16). Inmediatamente todo está maldito y es causa de dolor y sufrimiento (cf. Gn 3,17-19). Empieza el camino del distanciamiento y la desafección, la pérdida de confianza respecto a todo y a todos los que constituyen nuestro mundo relacional, desde el crimen de Caín a la Torre de Babel (cf. Gn 3,23). Desde el Génesis al Apocalipsis.

Este conocimiento advenido por el pecado de "quién" son los otros para mí[29] es existencial, carnal: empieza a dominar nuestra forma de ver el mundo, de vivir la carne (ratificado por la psicología actual[30]). Desde el punto de vista espiritual, esta toma de distancia de Dios es la causa de la *"locura"* en el hombre[31]. A partir de ese momento nos creemos solo lo que pensamos, nuestro narcisismo nos vuelve egocéntricos:

---

28   Cf. A. Scola – G. Marengo – J. Prades López, *La persona umana. Antropologia teologica. Manuali di teologia cattolica* 15 (Jaca Book, Milano 2000) 224-258.

29   Cf. J. C. Larchet, *Terapia delle malattie spirituali. Un'introduzione alla tradizione ascetica della Chiesa ortodossa*, (Cinisello Balsamo, Milano 2003) 50.

30   Cf. J. Ciarrochi – J. P. Forgas – J. D. Mayer, *Emotional intelligence in everyday life*, (Psychology Press, Taylor & Francis Group, New York 2001); L. Feldman Barrett – P. Salovey, *The wisdom in feeling* (The Guilford Press, New York – London 2003); D. Goleman, *Inteligencia emocional* (Kairós, Barcelona 1997).

31   Larchet, *Terapia delle malattie spirituali*, 56; La mente humana se "embota" y "oscurece". cf. Rm 1,21-23.

solo valen nuestros sentimientos y nuestra percepción de la realidad es la verdad absoluta, pero pasada por la imitación de los modelos. La creemos autóctona, original, pero no es más que el producto de lo que los demás nos señalan como deseable.

Dice Girard:

> Los hombres que no pueden contemplar la libertad de frente están expuestos a la angustia. Buscan un punto de apoyo en el cual fijar sus miradas. Ya no hay Dios, ni Rey, ni Señor para unirlos con lo universal: Los hombres *desean según el otro* para escapar al sentimiento de lo particular; eligen unos dioses de recambio porque no pueden renunciar al infinito[32].

La maquinaria puesta en marcha afectivo-emocional, después del pecado, tiene que asumir el cometido de satisfacer sus deseos, su propio placer y escapar del sufrimiento de la decepción y el rechazo que nos provocan las cosas y los otros. Si no hay ya Dios en mi horizonte, el otro, cualquier otro, viene a sustituirle. Mi deseo insatisfecho de ser pensamos que es el resultado de la irrupción del otro como obstáculo.

> El placer, físico y psicológico, se convierte en el criterio de las propias acciones; toda realidad, incluidos los seres humanos, se convierten en "objetos" de la propia satisfacción y, como tales, se viven y se utilizan. Esta "inversión" afectiva y existencial provoca inevitablemente experiencias de decepción y la percepción de ser, por así decirlo, "arrastrado" por la multiplicidad de necesidades y deseos[33].

No cabe duda de que Génesis nos está proponiendo una interpretación psicopatológica del comportamiento de Adán después del

---

32   MRVN, 64.
33   LARCHET, *Terapia delle malattie spirituali*, 81.

pecado, comparándolo con el diagnóstico de trastorno narcisista de la personalidad, nos dice Kernberg[34]. La personalidad con trastorno narcisista es definida como bipolaridad en la que conviven simultáneamente la vergüenza y el orgullo, la exaltación y el desprecio de uno mismo. Así como cierta incapacidad de reconocer los propios límites y la necesidad de confirmación externa para elevar la autoestima pasando por estados alternantes de soberbia a la vez que de sentimientos de inferioridad.

4. RESTAURAR LA HERIDA

4.1 DIÁLOGO CON DIOS COMO PRINCIPIO DE CONVERSIÓN

La intervención de Dios irrumpe en la soledad que Adán se ha dado a sí mismo, acusando a Eva, aislándose, escondiéndose, desnudo. Desde esta situación psicológica inicia un diálogo de confrontación que trata de romper el muro que se ha erigido entre los dos[35].

El diálogo recogido en Gn 3,9-22 es, de hecho, ya en sí mismo, una ayuda que Dios ofrece a Adán para salir del estado de miedo y de hostilidad vivida que lo domina. En este sentido, el diálogo es, por así decirlo, el comienzo de una intervención de "cuidado" al hombre pecador. Dios le ayuda a reflexionar, estableciendo una "relación dialógica". A la pregunta de Dios: «¿Dónde estás?», Adán responde explicando y compartiendo sus pensamientos con él. En su respuesta, Adán expresa

---

34 Cf. O. F. KERNBERG, *Sindromi marginali e narcisismo patologico* (Bollati Boringhieri, Torino 1978).

35 El miedo es lo que hace que los seres humanos levanten muros de contención a la defensiva para evitar la invasión por parte de los otros de nuestro territorio de seguridad o de confort. Este miedo es paralizante, nos vuele huraños, esquivos, a veces violentos y desconfiados. El psicoanálisis ha sido prolijo en describir este enclaustramiento narcisista con las etiquetas de masoquismo, negación, represión, desplazamiento, transferencia, altibajos neuróticos, psicosis. Cf. O. F. KERNBERG, "Clinical Dimension of Masochism": *Journal of the American Psychoanalitic Association* 36 (1988) 1005-1029.

claramente lo que piensa de Eva y de Dios mismo («la mujer que pusiste a mi lado me dio del árbol, y comí de él», Gn 3:12). Para Adán hay dos culpables o chivos expiatorios: Eva, con respecto a quien afirma simultáneamente su dependencia, y Dios, el verdadero culpable de todo, ya que fue él quien le dio a Eva misma. Para Eva solo la serpiente es culpable reconociendo su error como propio («la serpiente me engañó y comí», Gn 3,13).

La *culpabilidad* es el modo simple pero universal de interpretar nuestro sufrimiento, consecuencia de nuestra autodivinización. Desde el nihilismo (Dios es el monstruo, tiene que morir), desde el marxismo (el capital, tiene que desaparecer), desde el psicoanálisis (y psicología en general, tiene que ser asesinado el padre). El gran descubrimiento de la teoría mimética girardiana es que el mecanismo de chivo expiación es un universal. El mal es el otro. Primero Dios, y cuando este desaparece del horizonte de lo humano, cualquier otro.

Como pasa con la psicología del narcisista -soberbio desde el punto de vista moral- Adán no puede reconocer su culpa, con lo cual se abre en él una brecha de doblez moral para juzgar a los demás, en lugar de reconocer la parte alícuota de responsabilidad en las consecuencias que le asolan después de afirmarse pecando. Todos los demás se convierten de repente en los chivos expiatorios personales.

El mundo se vuelve hostil, exigente, y el ser humano egocéntrico. El otro no es un compañero que acompaña o reclama ser acompañado, sino un antagonista que puedo usar y manipular a mi antojo, si se deja, o sospechar de sus intenciones, si no se deja. El mal moral en el mundo deriva de esta falta de gratitud, de la sospecha de la maldad originaria de un Dios contradictorio, porque crea para tener compañía humana, pero luego limita, y tiene celos, como los dioses paganos, o incluso tiene miedo de que "seamos como él" si comemos del "árbol de la ciencia de bien y del mal".

Génesis, no obstante, es un canto a la esperanza, porque Dios, habiendo previsto el fallo trágico, que conlleva la constitutividad mimética del ser creado, instituye mediante el diálogo la salida de la caverna solipsista en la que Adán se introdujo a sí mismo. Dios va a su encuentro, Dios viene al encuentro de todo hombre para sacarle de su ensimismamiento. Adán advierte, como lo hace nuestra conciencia personal, que no podemos huir de la confrontación con el Creador[36]. Es un acto de amor inequívoco, una segunda oportunidad que el *midrahs* denomina *teshuva*, posibilidad de "retorno" a la relación original. Es Dios el que lo pone todo. Ni siquiera reclama del hombre humillación, o reconocimiento del error, para que eso no le suponga rebajarse ante Dios y decirle que lo necesita. Toda relación amorosa o es en la libertad o no es amor. Adán puede encastillarse en el orgullo[37]. La paradoja es lo que Girard llama *méconnaissance:* sabe que está en deuda con Dios, pero no quiere reconocerlo. Su orgullo es respetado hasta el final, pero en el relato se deja la puerta abierta a un encuentro amoroso reconciliador. Y Dios sabe que Adán necesita ayuda y sentirse perdonado, pero no se lo exigirá. Es un camino relacional que los dos tendrán que recorrer en libertad. Adán sufre el temor, que estaría justificado, a ser rechazado por Dios, lo cual convierte su vida en un drama pautado de fidelidad e infidelidad permanente, de soledad y compañía, de amor y desamor.

4.2. DIOS NO SE MUDA EN SU ELECCIÓN AMOROSA

La tradición *midráshica* hebrea nos dice que antes de Crear el mundo, YHWH previendo la deriva a la que podría conducirnos la libertad con la que nos dotó, creó la *teshuva* que es el camino de vuelta

---

36 El narcisista, vive en la *méconnaissance*, en el vaivén entre el orgullo y la conciencia de su propia fragilidad e indignidad. Cf. A. GOLDBERG, *The Prisonhouse of Psychoanalysis* (Analytic Press, Hillsdale NJ 1990).

37 «1. Digo, pues, que la primera llaga que el pecado causó en nuestra alma es el *orgullo*, esa pasión tan peligrosa que consiste en el fondo de amor y estima hacia nosotros mismos, el cual hace: 1. o que no queramos depender de nadie ni obedecer; 2. o que nada temamos tanto como vernos humillados a los ojos de los hombres; 3. o que busquemos todo lo que nos puede ensalzar en su estimación. Pues bien, ved lo que Jesucristo viene a combatir en su nacimiento mediante la humildad más profunda», SANTO CURA DE ARS, *Amor y Perdón* (Patmos; Rialp, Madrid 2012) 19.

a la relación paradisiaca. A pesar de que ahora ya sepa el humano que es frágil y que está siempre amenazado por el fracaso, también sabe que es el único camino para la felicidad: restablecer el cordón umbilical roto por la mímesis envidiosa.

El movimiento de Dios abajándose al hombre por propia iniciativa consiste en mostrar un *camino de conversión* en verdad... Dios se convierte en el acompañante, que pide humildemente estar al lado de su criatura[38]. El ruido de sus pasos en el paraíso, las huellas por el jardín, el "caminar de Dios" anticipará evocativamente el acompañar a su pueblo por desierto desde Egipto (la angustia de un pueblo abandonado ante los enemigos) hacia la Tierra prometida[39]. Esta acción moción es iniciativa exclusiva de Dios.

La conversión sería revertir el narcisismo, y volverse para mirarse en el espejo de un Dios que no quiere rivalizar, sino presentarse como acompañante, que quiere que descubramos que estamos bien creados, que nuestra carencia es potencia de ser, que la vulnerabilidad del otro es oportunidad para la complementariedad de los dones personales. La conversión es la demanda respetuosa y amorosa que me quiere hacer ver que el otro es el complemento necesario para mis carencias. El reconocimiento mutuo de las propias carencias es lo que nos constituye en dones los unos para los otros. La necesidad del otro pone en juego el regalo que cada uno ha recibido para completar al otro, y viceversa. Yo demando que el otro me complemente con su don, que puede ser su carencia, su pecado, su debilidad, que me llama a aceptarlo y a quererlo como es; esta salida es una oportunidad para salir de nosotros mismos que es el mal por excelencia: "vivir para sí" nos lleva necesariamente al miedo, al enclaustramiento, al infierno paulino, a vivir en el juicio

---

38   «Dios nunca dejó de hacer todo lo posible para que el hombre se acercara a él y se sentara a su derecha», San Juan Crisóstomo, *Sermones sobre el Génesis,* 2,1 (PG 54, 587-588).

39   Cf. Lv 26,12; Dt 23,15; 2 Sam 7,6-7; 1Cr 17,6.

permanente, a considerar al otro deficitario (Romanos 14,7-12). Vivir para otros es recuperar la comunión.

4.3. La dimensión terapéutica de la teoría mimética, siguiendo a Génesis, es educar el deseo

Si el deseo, para la teoría mimética es el origen de la mayor parte de las enfermedades psicológicas que nos aquejan, educar el deseo tendrá que ser el objetivo de la misión de la iglesia. Así lo han visto los últimos pontífices. ¿Qué es lo que de verdad puede saciar el deseo del hombre? Benedicto XVI: el «deseo de Dios», es «un aspecto fascinante de la experiencia humana y cristiana». Inscrito por Dios en el corazón humano, este deseo hace que sólo en Dios el hombre puede encontrar la verdad y la felicidad que no cesa de buscar[40].

No debemos olvidar que el dinamismo del deseo está siempre abierto a la redención. Incluso cuando nos envía por caminos desviados, cuando sigue paraísos artificiales y parece perder la capacidad de anhelar el verdadero bien. Incluso en el abismo del pecado no se apaga en el hombre aquella chispa que le permite reconocer el verdadero bien, para saborearlo, iniciando así un camino de salida, al cual Dios, con el don de su gracia, no deja de dar su ayuda. Todos, por otra parte, tenemos necesidad de seguir un camino de purificación y de curación del deseo.

---

40 *Catecismo de la Iglesia Católica* 27 «El deseo de Dios está inscrito en el corazón del hombre, porque el hombre ha sido creado por Dios y para Dios; y Dios no cesa de atraer al hombre hacia sí, y sólo en Dios encontrará el hombre la verdad y la dicha que no cesa de buscar: "La razón más alta de la dignidad humana consiste en la vocación del hombre a la comunión con Dios. El hombre es invitado al diálogo con Dios desde su nacimiento; pues no existe sino porque, creado por Dios por amor, es conservado siempre por amor; y no vive plenamente según la verdad si no reconoce libremente aquel amor y se entrega a su Creador" (GS 19,1)».

Somos peregrinos hacia la patria celestial, hacia aquel pleno bien, eterno, que nada nos podrá arrebatar jamás[41].

El *objetivo no es, por lo tanto, apagar o reprimir el deseo que se encuentra en el corazón del hombre, sino de liberarlo, para que pueda alcanzar su verdadera altura.* Cuando en el deseo se abre la ventana hacia la voluntad de Dios, esto ya es un signo de la presencia de la fe en el alma, fe que es una gracia de Dios. Pero el deseo tiene que ser purificado, con la exposición a la verdad superadora de la tentación permanente al autoengaño, porque si no, nos deja prisioneros de nuestras relaciones de rivalidad, con los otros y con Dios.

Decía san Agustín: «Con la expectativa, Dios amplía nuestro deseo, con el deseo, ensancha el alma y dilatándola la vuelve más capaz»[42]. Por tanto, el deseo es bueno en sí mismo, si no lo dejamos a merced del instinto.

Para Paul Ricoeur,

El mito, contando la caída como un acontecimiento, salido de no se sabe dónde […] nutre a la antropología de un concepto clave: la contingencia de este mal radical... el mito denuncia el carácter puramente "histórico" de este mal radical; le impide erigirse en el mal originario: el pecado es realmente "más antiguo" que los pecados, la inocencia es "más antigua" que él. […] "El mito atestigua que el "pecado no es nuestra realidad originaria", no constituye nuestro estatuto ontológico primero"[43].

Es el resultado de una decisión equivocada, lo cual reclama reorientar las decisiones, aclarar las oscuras tramas del deseo. Por eso, en

---

41 Benedicto XVI, *Audiencia general*, 7 de noviembre de 2012.
42 San Agustín, *Comentario a la Primera Epístola de Juan*, 4,6 (PL 35, 2009).
43 Ricoeur, *Introducción a la simbólica del mal*, 391-392.

sus conversaciones con Girard en el encuentro de COV&R en París, en 1995, los dos escapan del irresoluble debate sobre el *pecado original originado* (estado) para hablar solo del *pecado original originante* (acto). Es de *lo que viene después* del pecado adámico de lo que sí se puede hablar con propiedad. En este sentido, la mímesis, reconocido por ambos, juega un papel decisivo, tanto para el diagnóstico del mal que nos asola, como del camino a recorrer para su solución.

5. Caminos de conversión

El objetivo de Dios, según Génesis, es, por lo tanto, ayudar al ser humano al descubrimiento humilde de su labilidad (ricoeuriana) procurando los medios para que, dialogando con él en la historia, vaya desprendiéndose de esa "estructura narcisista de la personalidad" derivada del pecado original. Nuestra felicidad depende de cambiar la perspectiva de la relación con nosotros mismos, con el otro, cercano o lejano, y con Dios. El conocimiento verdadero de uno mismo, del otro y de Dios, evita que las proyecciones narcisistas nos quiten la inocencia originaria necesaria para una relación amorosa, o nos suman en un miedo cerval a una relación libre. Este camino, al que Dios nos impulsa a salir de nosotros mismos y ponernos en camino, es un proyecto de amor y respeto a la libertad del hombre evolutivo que ha de desarrollarse en el tiempo y en la historia.

Este es el sentido de la elección de Dios para lograr el retorno del hombre a la confianza sencilla, la *teshuva*, proponer modelos de relación a partir de la debilidad de cada uno de los elegidos, se trate de Abraham, de Moisés, de David, de Jeremías, Juan o cualquiera de los discípulos o de los protagonistas de los Salmos. La elección no busca a los hombres perfectos, sino caídos, pobres, a los que quiere recoger de su indigencia, no para cambiarles con un modelo impuesto de ser, sino que aprendan a quererse a sí mismos. Sin esa premisa es imposible la irrupción del Reino: amar al otro sin condiciones, sin demandas de cambio, sin exigencias totalitarias, sin premisas. Amar al modo en el que el único modelo-mediador no rivalizante, ama.

Ese camino desde la precariedad requiere cambiar de modelo, dejar de escuchar al narciso que llevamos dentro, o a los otros que nos sugieren o imponen lo que debemos hacer, y escuchar solo a Cristo. Aceptar y tomar en peso el *Kerigma*: el amor gratuito de Dios que se encarna, muere y resucita, que corrige con ternura (ternura es uno de los adjetivos más repetitivos en las Escrituras), porque los ama. En el desarrollo de la historia de la salvación, de hecho, Dios acompaña, corrige, sostiene y levanta al hombre pecador. El resultado es que llena al ser humano de esperanza, más allá de las meras expectativas de supervivencia; le libera del miedo al futuro, a la muerte, que según san Pablo es la fuente de nuestro acomodo en las diferentes formas de esclavitud: «[Cristo vino para] … liberar a los que, por temor a la muerte, fueron sometidos a esclavitud de por vida» (Heb 2,14-15). Dios envía a su Hijo a decir a los hombres dominados por el miedo: «*¡Soy yo, no temas!*» (Jn 6,20), a nada ni a nadie.

La "locura" del pecado de Adán y Eva, más que una psicopatología, es por lo tanto un paradigma y una realidad ontológica para todo hombre: habiendo creído en la mentira del diablo, el hombre cortó las raíces con el Ser y así entró en el no-ser y el miedo a la muerte. En consecuencia, el ser humano tratará de llenar su vacío de una manera narcisista, poniéndose en el lugar de Dios, ahora percibido como hostil y rival, en el centro de la nueva cosmogonía (no es sorprendente que en Gn 3,8 notemos que Adán y Eva se esconden de la presencia del Señor «en medio de los árboles del jardín»).

Dejamos de tener miedo sólo cuando hemos conocido el amor de Cristo, porque «en el amor no hay temor» (1 Jn 4,18)[44]. Cuando el

---

44 «Existe un estado de reposo en Dios, de suspensión total de toda actividad de la mente, en el que ya no se pueden trazar planes, ni tomar decisiones, ni siquiera hacer nada, pero en el que, habiendo entregado todo su futuro a la voluntad divina, se abandona a su destino. He sentido este estado en cierta medida, después de una experiencia que, más allá de mis fuerzas, consumió totalmente mis energías espirituales y me quitó

pecado nos introduce sin darnos cuenta en la soledad y en la desconfianza irrumpe el «temor de Dios»[45]. Cuando "retornamos" y entramos
en gracia, aparece la seguridad, la estabilidad, el sosiego del espíritu
que es el modo de ser psicológicamente sano del ser creado. Dios es
bueno, no tengo que cambiar al otro[46] para ser yo feliz, sino quererlo
tal cual soy yo mismo querido por Dios[47].

---

toda posibilidad de acción. Frente al cese de la actividad por falta de impulso vital, *el
descanso en Dios es algo completamente nuevo e irreductible*. Antes era el silencio
de la muerte. En su lugar viene una sensación de seguridad íntima, de liberación de
todo lo que sea preocupación, obligación, responsabilidad respecto de la acción», E.
STEIN, *La causalità psichica*, en: ID., *Psicologia e scienze dello spirito. Contributi per una
fondazione filosofica*, (Città Nuova, Roma 1996) 33-155, aquí 115-116.

45 Este «respeto a Dios» es la «raíz de la sabiduría», es decir, «de la capacidad de reconocer quién es el autor de la vida y de la felicidad del hombre». El temor de Dios es,
según Cucci, «un desafío radical a la pretensión narcisista de poder controlarse a sí
mismo y a la vida. Al presentar con confianza su fragilidad a Dios, el hombre aprende
a no dejarse abrumar por el miedo sino a dejarse amar por Él», G. CUCCI, "I mille volti
della paura": *Presbyteri* 10 (2008) 731-744, aquí 744.

46 Paolo Scquizzato nos ratifica que es un acto inútil de soberbia querer que el otro cambie
para amarle y esconde veladamente que tampoco nos amamos a nosotros mismos:
«¿Cuántas heridas llevamos dentro, cuantas sustancias, impurezas los habitan? ¿Límites, debilidades, pecados, incapacidades, inadaptaciones, fragilidades psicofísicas [...]
Interrogantes y cuántas heridas en nuestras relaciones interpersonales? La cuestión
fundamental para nosotros será: ¿qué hacemos con ellas?, ¿cómo las vivimos? La
única solución es vendar nuestras heridas con esa sustancia cicatrizante que es el
amor: única posibilidad de crecer y de ver las propias impurezas, de convertirnos en
personas. La alternativa es cultivar resentimientos hacia los demás por sus debilidades,
y atormentarnos a nosotros mismos con continuos y devastadores sentimientos de
culpa, por lo que no deberíamos sentir. *La idea que a menudo llevamos dentro es
que deberíamos ser de otra manera*; que, para ser aceptados por nosotros mismos,
por los otros y por Dios, no deberíamos tener dentro de nosotros esas impurezas
indecentes"», P. SCQUIZZATO, *Elogio de la vida imperfecta, el camino de la fragilidad*
(Paulinas, Madrid 2014) 5-6.

47 San Ignacio de Loyola, reconoce cómo el enemigo de la naturaleza humana busca
paralizar la libertad y el deseo de Dios del hombre precisamente por el miedo (cf.
IGNACIO DE LOYOLA, *Ejercicios espirituales*, n. 315). Esto se hace presente en Adán que,
al esconderse y al responderle, experimenta el conflicto entre el deseo simultáneo y
paradójico de relacionarse con su Creador y el de huir de él.

El *camino de la conversión* se experimenta solo en comunidad, pueblo o asamblea, es decir, en el seno de la Iglesia, para que se pueda dar la encarnación del *Kerigma*, el perdón y la reconciliación, con la historia, con los otros y con Dios.

El anuncio del *kerigma* lleva a la conversión, que se basa en la esperanza que «apunta a la bienaventuranza eterna como su fin último, y la ayuda de Dios como la primera causa que conduce a la bienaventuranza»[48]. Este camino de conversión y regeneración sólo puede ser un camino bautismal: es gracias a la fe en Jesucristo y al Bautismo que el hombre se cura ontológicamente de la herida del pecado, recibe la salvación del alma, la psique y el cuerpo, obtiene el don de la vida eterna y se convierte en Cristo en un hombre nuevo y un hijo de Dios. La herida cauterizada por el amor se convierte en motivo de agradecimiento, invita a caminar de nuevo al lado de Dios, leyendo la historia desde su mirada, fortalecidos con la experiencia de muerte, y auxiliados por la gracia, sabemos ya que no podemos sospechar de Dios, que todo es bueno.

El obstáculo es que el conocimiento de la historia y de nosotros mismos que trae la Revelación es rechazado por los "sabios de este mundo" y también "desconocido" por los cristianos. Todos estamos concernidos por lo que en teoría mimética se denomina *méconnaissance*. Dice Domingo González:

> Las raíces de la *méconnaissance* son tan profundas y camaleónicas que en la teoría mimética de Girard sólo la Revelación puede hacerles frente. Ahora bien, esta Revelación puede ser también deformada en su interior por la propia interpretación del texto evangélico, reconstruyendo así desde dentro la mentira del logos heracliteano y violento. De ahí que sólo la conversión personal, es decir, la interiorización de la verdad evangélica puede desmontar eficazmente el mecanismo victimario en el que se asienta la mentira sacrificial. Por este motivo,

48   Tomás de Aquino, *Summa Theologica* II-II, q. 17 a. 4.

la conversión representa el contrapunto y el antídoto contra el imperio de la *méconnaissance,* y precisamente debe, como ella, transformarse a través de todo el ciclo mimético. La conversión será pues, primero, reconocimiento de nuestro mimetismo, es decir, interiorización de la verdad novelesca frente a la mentira romántico-moderna-individualista. Conversión también al realismo frente a las mistificaciones de la ciencia orgullosa heredera de la deformación mítica que requiere del concurso de la mentira y de la *méconnaissance.* Conversión que significa la afirmación decidida de la verdad de la persona frente a la mentira del unanimismo de la masa acusadora que apunta a la violencia fundacional. Conversión imprescindible, por tanto, para afirmar la inocencia de la víctima injustamente acusada y asesinada en virtud de la lógica del contagio mimético que culmina en el chivo expiatorio. Conversión para desmontar el orden sagrado-sacrificial-arcaico que preserva el orden a costa de la mentira y de la violencia. Aunque no ha insistido mucho en la raíz misteriosa de esta conversión, pues la fuente de la teoría mimética es la antropología y no la teología, Girard no ha dudado en afirmar que es la Gracia divina la que está en el centro de esta metanoia que desmonta las raíces naturalmente imposibles de arrancar de la *méconnaissance* humana. Ha sido en gran medida la interpretación teológica de la teoría mimética según el teólogo jesuita Raymund Schwager la que ha contribuido a esta clarificación de la temática girardiana de la conversión en un lenguaje más directamente doctrinal en el plano teológico»[49].

---

49   D. González, *Hacia una teoría mimética de lo político: René Girard y su escuela* (UCM, Madrid 2015) 106.

Estamos ante la eterna la problemática de la tensión entre la gracia y la conversión, y que Raymund Schwager, ha desarrollado muy bien[50].

> Según la epístola a los romanos el hombre puede saber que Dios existe, que ha habido creación, pero no puede prever la redención por Cristo, ya que ésta depende de la conversión. Así, la distancia del hombre en relación con Dios no puede ser salvada más que por la acción de la Gracia. Sin la Gracia no hay redención. Ya que "ellos no saben lo que hacen", no hay experiencia subjetiva de la persecución. Hace falta una gracia especial para saber lo que se hace y sólo esta gracia nos hace ver la verdad del cristianismo[51].

CONCLUSIONES

La potencia epistemológica de las Sagradas Escrituras y el evangelio muestran con crudeza cuasi científica cuál es la condición humana pecadora.

El pecado adámico, para la antropología mimética, deja grabada en la historia evolutiva de la humanidad una herida óntica: la desnudez, la vergüenza morbosa, el miedo, la neurosis, la violencia y la envidia, la rivalidad y el aislamiento. Su constitutividad mimética originaria configura un modo de ser que hoy se expresa en infinidad de psicopatías individuales con expresiones que se convierten en enfermedades del cuerpo social: la pornografía, la violencia colectiva, el acoso, las paranoias, el

50   R. Schwager, *Avons-nous besoin d'un bouc émissaire ?* (Flammarion, Paris 2011). Amigo personal de Girard, en el momento en el que escribió este libro era rector de la Universidad de Innsbruck.

51   R. Girard, *Aquel por el que llega el escándalo* (Caparrós, Madrid 2006) 98.

consumismo, la soledad, el individualismo patogénico, el miedo al otro, son derivados de la mímesis, definida como "desear según el otro".

El origen de todo esto que nos hace sufrir se encuentra en la sospecha que Adán lanza contra el Dios que le crea. El hombre tiene que construir la historia al margen del amor confiado. Está solo y el otro es mi rival.

Si fuéramos honestos, el leer la pasión de Cristo nos llevaría a la conversión. Nos retrata. La pasión desvela el engaño de Satán: llevarnos a la rivalidad con Dios y con los otros, que es la esencia de lo que Génesis trataba de descubrirnos. Por eso la relación paulina entre Adán y el Nuevo Adán no es un ardid literario, sino una verdad antropológica universal.

El victimismo y la culpabilidad del otro son los dos derivados más importantes de la enseñanza antropológica de Génesis y los más constatables en el mundo actual. Toda la cultura actual: woke, cancelled, Metoo#, feminismo radical, justicia interseccional, etc., responde a este hallazgo antropológico de las Escrituras. Rompiendo el diálogo con Dios, nos queda solo un monólogo que desconfía de todo y de todos. Nos sume en el autoengaño de sentirnos víctimas, la *méconnaissance,* refuerza esta idea de que el otro es el culpable de mi desgracia.

La comparación nos mata, es lo que Satán trata de lograr apelando con sus mensajes subliminales a nuestra toma conciencia de nuestra carencia de ser. El otro parece más feliz, es más dichoso y ha sido más agraciado en el reparto de dones. Ese deseo de ser es nuestra gracia y nuestra desgracia, paradójica condición humana.

El *kerigma* viene a ayudarnos a superar las desviaciones del deseo, no prohibiéndolo, no es suficiente el voluntarismo y el gnosticismo, sino proponiendo otro deseo, acompañados por la ayuda de la Gracia: imitar al Padre. Ser perfecto como el Padre celestial, propone una idea de Dios no egocéntrica, es un ser desinteresado, no desea poseer sino dar. Ser semejantes a Dios Padre es la salvación de la humanidad, el retorno al paraíso. Esta posibilidad existe gracias a la victoria de Cristo sobre la muerte. La resurrección y la apertura de la vida eterna ante nosotros es lo que permite superar los miedos a la alteridad que nos hacen prisioneros temerosos de nuestro narcisismo, estar a la defensiva, y que son el origen de casi todas las psicopatías de origen relacional. El deseo, que es un don maravilloso, tiene que ser reducado para reconducir sus desviaciones patológicas a la declaración de la inocencia del otro, a restablecer la comunión con el otro, a través de la reconciliación con la historia, es decir con el plan originario bondadoso de Dios: «Vio Dios cuanto había hecho, y todo estaba muy bien» (Gn 1,31).

LA JUSTICIA RESTAURATIVA:
UNA OPORTUNIDAD SOCIAL

Pilar González Rivero

ASOCIACIÓN PARA LA MEDIACIÓN, EL ENCUENTRO Y LA ESCUCHA AMEE

Compartiré en las siguientes líneas una experiencia que nace desde el significado verdadero de la justicia como valor y que recibe el nombre de justicia restaurativa. Desde un primer momento, en mi camino profesional aparece una pasión por el Derecho Penal y, en concreto, por la Filosofía dentro de esta área del Derecho, porque encuentro en ello una invitación a una búsqueda profunda de la comprensión de la esencia del ser humano.

¿Qué nos ocurre a los seres humanos para que, habitando en nosotros la esencia divina, nos desviemos de tal manera que nos haga cometer hechos tan dañinos para el otro, hechos que son incomprensibles para nuestra concepción de ser humano en el que habita la esencia de Dios?

A través de ese camino profesional, en mi experiencia como magistrada, sucedió que en una ocasión creí ver el mal en un ser humano que estaba entre las personas implicadas en un juicio por delitos muy graves. Esa mirada del mal se convirtió en algo imposible dentro de mi ser, contrario a mi creencia en la esencia divina que habita en todo ser humano. A partir de esta experiencia, nace el impulso concreto de encontrar una forma de ir a la realidad del conflicto humano. Así se conformó AMEE (Asociación para la Mediación, el Encuentro y la Escucha) para acercarnos al ser humano a través de la justicia restaurativa, trabajando con personas que generan daño y a la vez con víctimas de ese mismo daño.

El propósito de la justicia restaurativa habla de esa dinámica que habita en el ser humano en la que queremos tender a la imitación de lo divino y, en esa invitación a lo divino, no entra la lucha con el otro. De ahí que el propósito de la justicia restaurativa se cumpla a través del diálogo, porque confiamos profundamente en que cuando el ser humano siente ese conflicto, cuando las personas nos vivimos en oposición al otro creyendo que es nuestro rival, es cuando sufrimos y cuando necesitamos de alguna manera la reconciliación.

¿Qué nos ocurre cuando nos mostramos ante el otro, cuando dialogamos, cuando le miramos a los ojos, cuando somos capaces de contextualizar unos hechos en una historia de vida? Cuando soy capaz de mirar al otro, de comprender dentro de una biografía humana concreta cuáles son las circunstancias biográficas, cuál fue el entorno en el que esa persona ha crecido, de repente hay una parte de mi alma que se sana porque descubro, vuelvo a reconocer y a reconectarme con esa parte divina del otro, con esa parte de búsqueda de evolución del otro.

En la justicia restaurativa algo que nos ayuda es concebirnos como seres humanos en evolución. Aunque pudiera parecer una aparente paradoja entendemos que, como está recogido en la Declaración Universal de Derechos Humanos, el ser humano posee una dignidad inalienable y, a la vez, el ser humano está en permanente evolución.

El ser humano no nace habiendo aprendido todo lo que nos configura como tal, sino que vamos aprendiendo lo que es la humanidad en el encuentro con el otro y, es en ese encuentro con el otro, a través del aprendizaje, como evolucionamos. Entonces la libertad que se nos otorga se vive como un don y, a la vez, es algo que nos lleva en muchas ocasiones al error. Este error nos habla de que se prevé la existencia de un proceso de aprendizaje que debemos ir conquistando y por eso, se podría concluir que lo humano y lo divino, aunque está intrínseco en nosotros en alguna medida, en otra medida se nos regala como proceso de aprendizaje.

Cuando nos concebimos así, para nosotros se vuelve posible esa comprensión del otro. En nuestro trabajo en el marco de la justicia restaurativa también partimos de que el ser humano genera daño cuando él mismo tiene dolor. Entendemos que el ser humano imita preferiblemente el bien y si no es capaz de hacerlo es porque hay un dolor tan grande en su ser que le impide generar bienestar hacia los demás.

Partiendo de esa idea, cuando nosotros acudimos a los centros penitenciarios vemos realidades biográficas que han llevado a las personas a hacer una serie de aprendizajes determinados. Aprendizajes sobre cómo me relaciono, sobre quién es el otro para mí, sobre cómo debo colmar unas necesidades humanas fundamentales, sobre qué estrategias puedo activar para satisfacer esas necesidades. Y es en la elección y puesta en marcha de esas estrategias donde se genera el conflicto y no en la existencia de ciertas necesidades fundamentales, legítimas y profundas que son comunes a todo ser humano.

Si nosotros nos miramos en esas necesidades últimas, vemos que estas están detrás de cualquiera de los hechos más reprochables que nos podamos imaginar. Probablemente veamos que esas necesidades últimas son las mismas en cada uno de nosotros y, desde ahí podemos observar cómo la necesidad de amor, de afecto, de reconocimiento, de identidad o de valía personal están en la base de todos y cada uno de los hechos que cometemos todos los seres humanos. Si vamos a lo cotidiano de nuestras vidas, podemos darnos cuenta de lo mismo: que en la base de cada una de las estrategias que elegimos (es decir, de todos los actos que realizamos), existen necesidades profundas que puedo satisfacer de diferentes maneras, unas cuidadosas conmigo y con mi entorno, que no generan ningún daño y, otras que no capaces de ser cuidadosas conmigo ni con los demás y, en consecuencia, generan daño. En una medida, la estrategia que yo soy capaz de elegir depende de la libertad que yo tenga, de la libertad en un sentido profundo y verdadero como contrario a la necesidad, a la dependencia. Así el ser humano va creciendo en libertad a lo largo de la vida, en la medida en que va haciendo una serie de aprendizajes y va ampliando el abanico de posibilidades entre las que elegir estrategias a la hora de colmar necesidades humanas fundamentales.

La justicia restaurativa es esa posibilidad que se nos da complementaria a la justicia tradicional, que nos invita a acercarnos a la comprensión de qué le pudo ocurrir al otro para actuar como lo hizo, o en qué medida unos hechos han impactado en una persona. La justicia restaurativa es un camino que como sociedad vamos desarrollando en la medida que vamos evolucionando en la capacidad de empatía y diálogo con el otro. La justicia como valor inmenso es algo que en ese camino de aprendizaje y de evolución iremos alcanzando. La humanidad poco a poco, con el transcurrir de los tiempos, va ganando en consciencia, y esa consciencia la vamos introduciendo en todos los valores, en esos grandes valores como la justicia.

Esta evolución de la justicia nos habla del camino como comunidad y como individuos concretos. La evolución está en no perder de vista esa Jerusalén celeste como comunidad o la imagen de Cristo en cada ser. A la vez, sin dejar de anhelar el ideal, es necesario tomar conciencia con mucho respeto y comprensión de hasta dónde somos capaces de llegar en comunidad o hasta dónde mi alma es capaz de llegar en estos momentos por mis circunstancias. Si perdiéramos la imagen ideal de la Jerusalén celeste o de ese Cristo, enfermaríamos, pero también enfermaríamos si nos ponemos como objetivo algo para lo que aún no estamos preparados, para lo que mi alma aún no está preparada. El ser humano es un ser conformado por un cuerpo, un alma y un espíritu, y tenemos que dar y atender a cada parte en lo que le corresponde.

El acompañar a las personas a vivirse como un ser humano en proyecto, supone acompañar el proceso de toma de conciencia de que soy un ser humano completo y digno y, en otra medida, de que estoy en desarrollo a través de las circunstancias que suponen un aprendizaje en mi vida, para ir incorporando moralidad a mis actos hacia esa consideración de tener la certeza interior de que en cada ser humano habita lo divino, habita el bien.

En relación con el delito y también en nuestra cotidianidad percibo que, si no somos capaces de irradiar desde nosotros continuamente esa manifestación de lo divino, es porque estamos en camino de aprendizaje y porque el dolor nos lo impide. Una vez que yo he reconocido esto en mí, puedo reconocer que también sucede en el otro y a través de los procesos de justicia restaurativa, vemos que lo admirable es cómo personas que han sufrido hechos delictivos muy graves, en la medida en que se ponen a disposición porque toman conciencia, pueden de alguna manera sanar ese dolor sufrido.

Desde ahí, como víctima se presencia que quien ha atentado contra bienes jurídicos altamente valiosos, se me presenta tomando conciencia, asumiendo el impacto que esos hechos han podido tener en mí, mostrándome que como ser humano está evolucionando y ha hecho el tránsito de una conciencia que le llevó a atentar contra otro, hacia una conciencia donde se responsabiliza del daño que ha causado y se propone generar un bien. Ahí, en ese momento, se sanan muchas cosas en la víctima, porque se vuelve a confiar en la vida y se vuelve a confiar en las relaciones humanas.

Estos encuentros restaurativos pueden tener lugar con víctimas vinculadas, es decir, el encuentro sucede entre víctima y victimario de unos mismos hechos concretos. Pero también pueden tener lugar encuentros con víctimas no vinculadas, del mismo tipo de delito, pero no vinculados por los mismos hechos. Puede parecer que, en alguna medida, los encuentros con víctima vinculada pueden sanar más en ambas personas, pero estos a veces no son posibles porque alguno de los dos no está preparado o disponible, o porque la víctima concreta de un victimario no tenga esa necesidad de reparación.

En cualquier caso, nuestra experiencia nos dice que el segundo tipo de encuentros también resulta altamente reparador. Una víctima participante en un encuentro restaurativo con victimario no vinculado decía:

> Aunque no sepa el punto en el que está el autor concreto de mis hechos, en el encuentro con este autor del mismo delito respecto de otra víctima, yo ya he podido reconectar a través de él con esa divinidad del ser humano. Quizá el autor del delito que sufrí no logra reconocer los hechos, pero yo ya he incorporado el paradigma dentro mí y sé que si él no logra reconocer los hechos es porque siente que todavía está en entredicho su dignidad y humanidad. Yo seré capaz de esperar o no, pero yo sigo confiando en el ser humano.

La razón de que a veces no sea posible que la víctima se encuentre con su victimario concreto, es que como seres humanos muchas veces no somos capaces de reconocer nuestra equivocación. Cuando tenemos que reconocer que hemos hecho algo mal sentimos que nuestra humanidad está en peligro, que nuestro sentido sobre quiénes somos se tambalea. Solo voy a ser capaz de reconocerme como victimario, de reconocer que he dañado a otro, en la medida en que mi humanidad no está puesta en tela de juicio, en la medida en que me sé perdonado porque me sé amado, porque ha habido alguien en lo divino o en lo humano que me ha devuelto esa mirada sobre mí mismo, pese a la gravedad o el impacto de los hechos que por supuesto asumo y de los que me hago cargo. Sólo si mi humanidad y mi dignidad no se ponen en entredicho, seré capaz de reconocer el dolor del otro y arrepentirme frente al otro del daño que he causado.

El trabajo en paralelo con las víctimas antes de los encuentros, también parte de esa reconexión con la humanidad, con el reconocimiento de mi evolución, de mis errores, de mi libertad, de la transformación del mal en algo bueno que no se hallaba al principio. Precisamente, en el comienzo de las sesiones con los grupos de víctimas y de victimarios en nuestro trabajo, leemos unos versos de Friedrich Benesch que dicen:

La auténtica verdad no es la verdad
sino el error trascendido.
La verdadera realidad, no es la realidad
sino la ilusión despejada.
La auténtica pureza, no es la pureza primigenia
sino la impureza depurada.
Y lo verdaderamente bueno, no es el bien original
sino el mal superado.
Esto vale para todo el universo
incluso para los dioses
pues en el camino de transformación del mal
puede generarse algo nuevo
que originalmente no se hallaba en el bien.

Esta transformación del mal la verificamos en la experiencia en prisión como una necesidad de algunos victimarios. Por ejemplo, he aquí el testimonio de un participante en nuestro programa de justicia restaurativa que tuvo un encuentro restaurativo con una víctima no vinculada y escribe:

> Tengo que decir que desde que me reconocí como autor de un delito muy grave, de graves consecuencias, catastróficas a todos los niveles: familiar, psíquico, emocional (y todos ellos personificados en mi sobrina), he sentido un deseo muy profundo, casi un dolor, por contribuir con mi experiencia o testimonio al beneficio de alguna persona que haya pasado por el calvario de mi sobrina.

Este testimonio es de un autor que lleva muchos años cumplidos en prisión y que en el juicio negó los hechos. En la medida en que siente esa mirada que le reconoce, le dignifica, que va al encuentro con una víctima no vinculada que quiere saber de él, de cuál ha sido su historia, cuáles han sido las necesidades que tenía insatisfechas, sobre el momento de los hechos... Es entonces cuando él no siente que está en tela de juicio nada respecto de su ser, ni de su humanidad y, desde ahí, es capaz de comprometerse con la petición que la víctima no vinculada le hizo y con la que ésta se siente también, en alguna medida, reparada: el reconocimiento de la verdad.

Esta es la propuesta que hace la justicia restaurativa: acompañamos procesos de toma de conciencia con víctimas y con victimarios.

Lo que los facilitadores de justicia restaurativa nos llevamos es la confianza en el proceso del ser humano, porque en la medida en que soy capaz de dar una mirada comprensiva hacia la víctima y hacia el victimario, yo también me vuelvo capaz de darme compasión a mí misma. Lo admirable del camino por la justicia restaurativa es que pone de manifiesto que, aunque el momento social, o yo personalmente en un momento biográfico concreto, no sea capaz de actuar de acuerdo con los ideales, de actuar en el valor de la justicia o en el valor de la moralidad o de la igualdad, sí podemos hacernos capaces de legitimar cada paso que, en el camino hacia la Jerusalén celeste o hacia el Cristo, vamos dando.

Con este mensaje de anhelar estar conectado permanentemente con el ideal divino del bien que habita en cada uno de nosotros y a la vez, amar cada paso que en el camino voy dando, termino con un poema de Juan Ramón Jiménez que habla de esto:

Andando, andando
que quiero oír cada grano
de la arena que voy pisando.
Andando.
Dejad atrás los caballos,
que yo quiero llegar tardando
(andando, andando)
dar mi alma a cada grano
de la tierra que voy rozando.
Andando, andando.

¡Qué dulce entrada en mi campo,
noche inmensa que vas bajando!
Andando.
Mi corazón ya es remanso;
ya soy lo que me está esperando
(andando, andando)
y mi pie parece, cálido,
que me va el corazón besando.
Andando, andando.
¡Que quiero ver el fiel llanto
del camino que voy dejando!

Eduardo Toraño López

FACULTAD DE TEOLOGÍA

UESD

Este ensayo tiene dos grandes partes. En la primera, abordamos algunos aspectos concretos sobre el pecado: su posibilidad, naturaleza, origen y consecuencias para el hombre de hoy y, en la segunda, nos referimos a la conversión como cambio concreto y real que afecta a la persona humana en su integridad.

1. PECADO

La teología contemporánea sobre el pecado equilibra mejor que en épocas anteriores los distintos aspectos que concurren en esta doctrina: dogmáticos, morales y antropológicos, profundizando más en lo que supone existencialmente para el hombre. Gracias a un mayor fundamento en la Escritura y Tradición se supera la tendencia, propia del contexto de la tradición manualista de mediados del siglo XX, de reducirlo a un mero incumplimiento de la ley moral, con un cierto acento legalista[1].

Esta perspectiva personalista del pecado la encontramos en el Vaticano II. La *Gaudium et spes* habla del "desequilibrio" del corazón que afecta a toda la realidad:

> Los desequilibrios que fatigan al mundo moderno están conectados con ese otro desequilibrio fundamental que hunde sus raíces en el corazón humano. Son muchos los elementos que se combaten en el propio interior del hombre. A fuer de criatura, el hombre experimenta múltiples limitaciones; se siente, sin embargo, ilimitado en sus deseos y llamado a una vida superior. Atraído por muchas solicitaciones, tiene que elegir y que renunciar. Más aún, como enfermo y pecador, no raramente hace lo que no quiere y deja de hacer lo que querría llevar a cabo. Por ello siente en sí mismo la división, que tantas y tan graves discordias provoca en la sociedad (GS 10).

El texto señala que el hombre tiene deseos ilimitados y, al mismo tiempo, grandes limitaciones. Está llamado a una vida superior, pero se encuentra dividido y enfermo. Los límites proceden de la condición creatural, pero las discordias tienen su causa remota en el pecado original, que ha dejado al hombre roto y herido.

Desde estos aspectos que aparecen en el texto conciliar vamos a articular el desarrollo de este trabajo. Comenzaremos por la cuestión original: ¿cómo es posible el pecado? ¿qué le hizo a Adán pecar, estando en una situación claramente privilegiada de unión con Dios, con el otro, con el mundo y consigo mismo? De la condición de posibilidad del pecado pasaremos a describir la naturaleza del mismo. Continuaremos analizando la raíz de los pecados, descubriendo cómo se conectan con

---

1   E. MOLINA, "Pecado", en: C. IZQUIERDO (dir.) - J. BURGGRAF - F. M. AROCENA, *Diccionario de teología* (Eunsa, Pamplona 2006) 779.

las necesidades humanas y terminaremos describiendo las heridas que el pecado ha dejado en la naturaleza humana y cómo pueden ser sanadas.

1.1. POSIBILIDAD DEL PECADO

La primera pregunta que nos hacemos es: ¿cómo fue posible el primer pecado?, ¿cómo Adán pudo cometerlo, si gozaba del don sobrenatural de la comunión con Dios, de los dones naturales concedidos por ser a imagen de Dios y de los dones preternaturales? A partir de la reflexión sobre el pecado original también nos preguntamos: ¿cómo podemos caer también nosotros en el pecado? La clave de la respuesta la encontramos en la frase citada de GS 10: «el hombre experimenta múltiples limitaciones; se siente, sin embargo, ilimitado en sus deseos».

Anhelo y limitación

La situación del hombre desde sus orígenes es de anhelo y limitación. Tiene en el corazón un deseo de infinitud, pero, al mismo tiempo, se topa con su propia debilidad. Esta es la paradoja humana, de desproporción entre grandeza y miseria[2].

¿Cuál es la situación de Adán antes del pecado? En el estado de justicia original, el hombre fue hecho por Dios muy bueno (cf. Gén 1,31), pero no perfecto. Tenía los dones de su naturaleza creada a imagen de Dios, con dones preternaturales que la elevaban a una dignidad superior y contaba con el don sobrenatural de la vida divina ya iniciada. Sin embargo, estos dones requerían crecimiento. Por eso, Dios puso al hombre en el paraíso para que cuidara y cultivara la tierra de la que había sido formado (cf. Gén 2,15). El trabajo humano pertenece al designio divino con el fin de ir creciendo en santidad, progresando en la virtud[3].

---

2   Cf. B. PASCAL, *Pensamientos*, Laf. 199, en: ID., *Pensamientos, opúsculos, cartas* (Gredos, Madrid 2012). Cf. FRANCISCO, Carta apostólica *Sublimitas et miseria hominis*, en el cuarto centenario del nacimiento de Blaise Pascal.

3   Cf. AMBROSIO DE MILÁN, *De Paradiso*, 24 (ed. P. Siniscalco, Città Nuova-Biblioteca Ambrosiana [Roma-Milán 1984] vol. 2/1, 66); E. TORAÑO LÓPEZ, *La teología de la gracia en*

En su realidad el hombre se descubre limitado, con una perfección incoada, pero no consumada. Pero la limitación no frena al corazón humano de anhelar ser como Dios, porque «la vocación suprema del hombre en realidad es una sola, es decir, la divina» (GS 22). La llamada a la divinización mueve el anhelo de Adán y de su estirpe, pues todo hombre desea llegar a la plenitud; sin embargo, al mismo tiempo, se topa con su propia finitud.

Tentación

Este estado humano, de limitación y anhelo, es conocido por la serpiente primordial (cf. Gén 3,1-4), que aparece en el Apocalipsis identificada con Satanás (cf. Ap 12,9; 20,2). El demonio sabe que puede tener éxito si aprovecha esta paradoja del hombre para engañarlo. Una de sus estrategias consiste en atacarlo por el punto débil, como afirma san Ignacio en las reglas de discernimiento de espíritus[4]. ¿Cuál es la debilidad de Adán? Que aún no ha alcanzado plenamente la vida divina que desea y a la que está llamado.

El demonio le muestra que el deseo de plenitud que tiene puede alcanzarlo inmediatamente. Usa su astucia con un engaño que contiene una verdad. La verdad es que el hombre será como Dios, pero la mentira consiste en que lo puede ser desobedeciendo a Dios y apartándose de Él. Además, esta mentira oculta que Adán ya participaba de la vida divina, aunque fuera de modo germinal, pues la divinización había comenzado en el estado paradisiaco, solo que necesitaba de la aceptación y colaboración progresiva de la voluntad libre.

Podríamos decir que la tentación consiste en ahorrarse el proceso: «seréis como Dios» (Gén 3,5) ya, sin esperas, y, por tanto, «sin Dios, antes que Dios y no según Dios», en palabras de Máximo el Confesor[5]. Adán cae en la tentación porque se le presenta alcanzar el anhelo sin

---

Ambrosio de Milán (San Dámaso, Madrid 2006) 129-133.

4 Cf. IGNACIO DE LOYOLA, *Ejercicios Espirituales*, 327.

5 MÁXIMO EL CONFESOR, *Ambiguorum liber* (PG 91, 1156C). Cf. CEC 398.

trabajo -aunque este aún no fuera penoso, como lo será después del pecado (cf. Gén 3,17-19)-. No se conforma con su estado "en vía", con el "hacia", no espera el necesario progreso hacia la plena semejanza; se deja llevar por la prisa, sin aceptar el proceso, que conlleva la paciencia -fruto del Espíritu Santo (cf. Gál 5,22)-. En esta línea está el presentismo del hombre postmoderno, que también busca su realización en la emancipación de Dios, autoafirmándose frente a Él desde una libertad omnímoda que se autoconfigura en sí misma y en la que no cabe la espera ni la confianza en un ser trascendente.

La tentación suscita el deseo de plenitud a través de la atracción de un bien: «el árbol era bueno de comer, atrayente a los ojos y deseable para lograr inteligencia» (Gén 3,6). El engaño está en que, al comer del árbol, el bien prometido por el tentador no se alcanza, obteniendo, al contrario, un mal: «Se les abrieron los ojos a los dos y descubrieron que estaban desnudos» (Gén 3,7)[6]. La seducción del maligno parte de una verdad que mueve el anhelo hacia algo bueno, atractivo y deseable, pero que, en el fondo, es mentira y termina en lo malo indeseado.

En suma, el pecado original viene inducido por una causa exterior, la tentación demoniaca, y condicionado por la situación de limitación propia del hombre. Esta debilidad de Adán procede de su finitud y perfectibilidad y es la condición de posibilidad tanto de que pueda caer como de ser tentado.

A esto se suma, en el hombre postlapsario, las consecuencias del pecado original: la pérdida de los dones preternaturales (integridad, inmortalidad, impasibilidad, sabiduría) que da lugar a una naturaleza herida: concupiscente, mortal y pasible. Por lo que, para el combate espiritual en la lucha contra el pecado, hay que conocer bien tanto las argucias del demonio como las propias fragilidades y heridas.

---

6   La conciencia de la desnudez (cf. Gén 3,7) es expresión gráfica de la gracia perdida por el pecado. Cf. M. HARL, "La prise de conscience de la 'nudité' d'Adam. Une interprétation de Genèse 3,7 chez les Pères Grecs", en: *StudPat* VII (Berlin 1966) 486-495. Cf. TORAÑO LÓPEZ, *La teología de la gracia en Ambrosio de Milán*, 126-129; 141-143.

¿Cómo podemos definir el pecado? El pecado, sintetiza el *Catecismo*, es «desobediencia a Dios y una falta de confianza en su bondad»[7]. Así sucedió en los orígenes: «Nos ha dicho Dios: "No comáis de él ni lo toquéis, de lo contrario moriréis"» (Gén 3,3), y luego: «tomó de su fruto y comió» (Gén 3,6). «El hombre, tentado por el diablo, dejó morir en su corazón la confianza hacia su creador (cf. Gén 3,1-11) y, abusando de su libertad, desobedeció al mandamiento de Dios»[8]. El pecado conlleva, por tanto, oponerse a Dios, dejar de someterse y no querer depender de Él[9]. Aunque venga provocado por la tentación del maligno, es un acto deliberado de la voluntad libre y consciente del entendimiento humano.

El pecado comporta la ruptura de la comunión con Dios. También suelen verse afectadas las demás relaciones, como ocurrió con el pecado original, por el que el hombre pasó de estar unido a Dios, a los demás, a sí mismo y al medio ambiente, a perder esta cuádruple comunión originaria:

> Puesto que con el pecado el hombre se niega a someterse a Dios, también su equilibrio interior se rompe y se desatan dentro de sí contradicciones y conflictos. Desgarrado de esta forma el hombre provoca casi inevitablemente una ruptura en sus relaciones con los otros hombres y con el mundo creado[10].

Adán deja de estar unido a Dios y se esconde de Él (cf. Gén 3,8), de una relación de confianza al «me dio miedo, porque estaba desnudo, y me escondí» (Gén 3,10). También se rompe la relación con los demás: conflictos, acusaciones mutuas (cf. Gén 3,12-13), dominio sobre el otro

---

7   CEC 397.

8   *Ibídem.*

9   CEC 396: «El hombre depende del creador, está sometido a las leyes de la creación y a las normas morales que regulan el uso de la libertad».

10   Juan Pablo II, Exhortación Apostólica *Reconciliatio et paenitentia*, 12. Cf. CEC 400.

(cf. Gén 3,16), asesinatos (cf. Gén 4,8), guerras (cf. Gén 14,2), etc. Y «siente en sí mismo la división» (GS 10). El pecado conduce al hombre a la soledad más profunda, aislándolo de Dios y del prójimo, y «explica la división íntima del hombre» (GS 13).

Otra definición clásica de pecado es: «todo acto, palabra o deseo contrario a la ley eterna», que viene de san Agustín[11], es asumida por santo Tomás[12] y recogida por el magisterio[13]. Al reflexionar sobre esta noción el Aquinate afirma que el elemento material es lo que el hombre dice, hace o desea y el formal es ir contra la ley divina[14].

Desde san Agustín se distinguen dos aspectos constitutivos del pecado: la *aversio a Deo et conversio ad creaturas*[15]. El pecador no quiere habitualmente rechazar a Dios directamente, sino que busca los bienes creados finitos, que le lleva a apegarse a ellos de modo desordenado[16]. El pecado se trata, por tanto, del deseo desenfocado de un bien, que termina siendo un mal, como dice santo Tomás: «Todo pecado, por ser un mal, implica una cierta corrupción o privación de un bien, y por ser voluntario, supone el deseo de un bien»[17].

Reconocer ese deseo y orientarlo de modo ordenado al bien hace posible corregir el tiro errado que es el pecado (como dice la etimología de *hamartía*). El deseo alude a una realidad que lo puede colmar y a una necesidad. Si bien se puede cuestionar que la sed demuestre la existencia

---

11 Agustín de Hipona, *Contra Faustum manichaeum*, 22, 27.
12 Cf. Tomás de Aquino, *Summa Theologiae*, I-II, q.71, a.6.
13 Cf. CEC 1849.
14 Tomás de Aquino, *Summa Theologiae*, I-II, q.71, a.6: «Y por eso Agustín, en la definición del pecado, puso dos cosas: una que pertenece a la sustancia del acto humano, lo cual es como material en el pecado: cuando dijo *dicho, hecho o deseo;* y otra que pertenece a la razón de mal, lo cual es como formal en el pecado: cuando dijo *contra la ley eterna*».
15 Cf. Agustín de Hipona, *De diversis quaestionibus ad Simplicianum*,1, 2, 18.
16 CEC 1849: «Es una falta contra la razón, la verdad, la conciencia recta; es faltar al amor verdadero para con Dios y para con el prójimo, a causa de un apego perverso a ciertos bienes».
17 Tomás de Aquino, *Summa Theologiae*, II-II, q.118, a.5.

de la fuente, como argumentaba el marxista Roger Garaudy[18], la sed manifiesta una necesidad que está llamada a ser colmada. Los deseos proceden de necesidades que buscan ser satisfechas. El hombre anhela la plenitud y por eso tiene una necesidad de totalidad que le conduce a una permanente insatisfacción: «Nuestro corazón está inquieto hasta que descanse en ti», dijo san Agustín[19].

1.3. PECADO Y NECESIDAD

Cuando el deseo no se realiza conforme a la necesidad viene la carencia. La conocida pirámide de Maslow establece una jerarquía de necesidades, a la que podemos añadir en la cúspide la necesidad de absoluto, de infinitud, de Dios. Pero es necesario atender a todas ellas.

En la base están las necesidades fisiológicas, como son la respiración, alimentación, reproducción, sueño o descanso. En un peldaño superior está la necesidad de seguridad, tanto la que viene del bienestar (recursos, salud, economía, empleo), como de la integridad física y

---

18   R. GARAUDY, *Del anatema al diálogo* (Ariel, Barcelona ²1971) 91.

19   AGUSTÍN DE HIPONA, *Las confesiones* I, 1.

psíquica. Más elevada es la necesidad de pertenencia, que se refleja en relaciones interpersonales de referencia social (familia, amistad, grupos de afiliación…). La siguiente es la necesidad de reconocimiento, que ayuda a alcanzar una sana autoestima y valoración de sí; hay dos tipos: el estatus, reputación o fama y, el más superior, que lleva a la autoafirmación, a la confianza y aceptación de uno mismo. Las necesidades más elevadas son la estética (creatividad y desarrollo de habilidades), la autorrealización (desarrollo de necesidades internas, moral, sentido, misión, entrega). La cumbre de las necesidades es Dios, la plenitud. Ahí la necesidad se une al anhelo originario y siempre vivo de divinización. Es la necesidad de un amor total e incondicionado, que ya recibió germinalmente Adán en el paraíso y que será dado plenamente en el cielo.

Esta necesidad de amor absoluto es la que lleva a cumplimiento cada una de las necesidades inferiores. Así, en Dios podemos ver el sentido pleno de la autorrealización, que no queda circunscrita al propio individuo, sino que lleva a la apertura a la trascendencia y la entrega oblativa. Dios, como suma belleza, nos permite desarrollar capacidades y habilidades estéticas de modo creativo. También Él nos reconoce y estima por lo que somos, en nuestra identidad revelada natural de ser a imagen de Dios y la sobrenatural de hijos del Padre en el Hijo por el Espíritu. El sentido de pertenencia a Dios, a los demás y al mundo nos fue dado desde la creación para estar en relación y no vivir en soledad. La seguridad viene, en último término, porque Dios es fiel y permanece firme a su alianza con nosotros. Y Él es quien, en último término, por su providencia, nos alimenta, cuida, posibilita la procreación y en Él podemos descansar.

Cuando las necesidades están ordenadas a Dios alcanzan su mayor satisfacción. Pero a veces se desenfocan de su fin último y se intentan satisfacer de modo inadecuado. Cada necesidad responde, en último término, al anhelo de algo más grande. El desorden en la satisfacción de las necesidades muestra la relación entre estas y los pecados como *conversio ad creaturas*, buscando en la criatura alcanzar el deseo que se anhela y que esta no puede otorgar.

Habiendo visto las necesidades podemos relacionarlas con los pecados, en particular con los pecados capitales, que son cabeza de otros pecados[20]. Los Padres de la Iglesia han visto en los pecados capitales enfermedades espirituales, algunas más ligadas al cuerpo, como la gula o la lujuria, otras al alma, como la ira y la envidia, y otras al espíritu, como la soberbia[21]. En las que están más conectadas al cuerpo podemos ver una necesidad fisiológica, aunque hay otras más elevadas asociadas, como la de seguridad. En las más cercanas al espíritu vemos necesidades más altas, como la de reconocimiento y estima.

Teniendo en cuenta las necesidades descritas, sin pretender ser exhaustivos, señalamos algunas de ellas que están en la raíz de los pecados, cuando no se satisfacen ordenadamente. En todas ellas, de un modo u otro, vemos el anhelo de plenitud que el hombre no logra alcanzar y sigue siendo engañado por el deseo insatisfecho.

PECADO CAPITAL	NECESIDAD MÁS BÁSICA	OTRAS NECESIDADES
Soberbia	Reconocimiento: Autoafirmación	Valoración, aprobación, estima
Envidia	Reconocimiento: Estatus	Pertenencia, totalidad, aprecio
Ira	Seguridad: Integridad (física y psíquica)	Defensa, protección, respeto, autonomía
Avaricia	Seguridad: Bienestar	Estabilidad, tranquilidad, apoyo
Pereza	Fisiológica: Sueño / Reconocimiento	Descanso, relajación, calma / estima
Lujuria	Fisiológica: Reproducción	Amor, relajación, compañía, consuelo
Gula	Fisiológica: Alimentación	Seguridad, serenidad, afecto, apoyo

En la base de la pirámide hemos visto necesidades fisiológicas de alimentación, reproducción y sueño, que son necesarias para la vida, pero que se pueden desenfocar y terminar cayendo en gula, lujuria y pereza,

---

20   Cf. Juan Casiano, *Conlatio*, 5, 2. Cf. Gregorio Magno, *Moralia in Job*, 31, 45, 87.

21   Cf. F. Rivas Rebaque, *Terapia de las enfermedades espirituales en los Padres de la Iglesia* (San Pablo, Madrid 2008); J. C. Larchet, *Terapéutica de las enfermedades espirituales* (Sígueme, Salamanca 2014).

respectivamente. La necesidad fisiológica se desordena cuando busca el placer sensual, asociado a la misma, para calmar otra necesidad más profunda que también se sacia o compensa con ese comportamiento (columna de la derecha). Así, el alimento no solo nutre el cuerpo, sino que da seguridad y serenidad, especialmente en la infancia, donde es también muestra de afecto, compañía, apoyo, etc.; por eso, debajo de la gula -desorden en la comida- puede haber una búsqueda de esas necesidades afectivas. Conectar con las necesidades más profundas podemos hacerlo también viendo en la lujuria la búsqueda desordenada de un amor (que se idealiza en la imaginación o en imágenes pornográficas) o la necesidad de ser especial, de relajación o compañía. Debajo de la pereza puede haber necesidad de descanso, paz, relajación, aunque tantas veces su origen se debe a la necesidad de un reconocimiento no logrado, de necesidades afectivas no cubiertas que llevan a la desidia o acedía.

En un escalón superior de la pirámide veíamos la necesidad de seguridad. Esta puede estar en la base de la avaricia, bajo la forma de obtener bienestar al acumular bienes que dan estabilidad y tranquilidad; o en la ira, como defensa de la integridad física y psíquica, para alcanzar protección, respeto y autonomía.

Más arriba está la necesidad de reconocimiento y hemos distinguido dos niveles. El del estatus o fama, que puede estar en la base de la envidia al buscar la reputación sobre los demás; y el más elevado de la autoafirmación, que puede ser la raíz de la soberbia cuando se busca desordenadamente la estima o el valor, poniéndose por encima de los demás. También podemos ver bajo la envidia otras necesidades, como la de pertenencia cuando hay rivalidad porque en el fondo se busca lograr un mejor posicionamiento en las relaciones sociales, o también la necesidad de totalidad al desear lo que me falta y que el otro tiene o creo que tiene.

Esta clasificación puede servir de indicativo con vistas a poder ver la necesidad que hay en la base de cada pecado y de ese modo afrontar del mejor modo su resolución. De manera que, si se reconoce la necesidad que se busca desordenadamente, encauzando de modo ordenado esa necesidad se podrá combatir el pecado concreto. Por ejemplo, si se cae en pereza o lujuria porque hay una necesidad profunda de descanso o relajación buscar formas sanas para descansar (disfrutar el placer de una afición sana, un paseo, leer, escuchar música relajante...) satisfaría esa necesidad y no se acudiría a comportamientos inadecuados.

Además, en todos los desórdenes pecaminosos podemos ver de fondo el anhelo de divinización, que puede ayudarnos a dirigir el deseo al único que puede colmarlo. La comunión con Dios, concreta y experiencial, cuanto más conecte con los deseos y necesidades ayudará a vivir más ordenadamente los impulsos pasionales. Así, por ejemplo, la necesidad de reconocimiento como autoafirmación -que puede llevar al desorden del narcisismo o egocentrismo y al pecado de soberbia, por querer ser el centro- se puede dirigir al deseo de divinización, sabiéndose valorado por lo que uno es para Dios, como hijo amado, valioso a sus ojos, que no necesita ponerse por encima de los demás.

De este modo se ordenan comportamientos, pensamientos y palabras y se enfocan al anhelo último para que las necesidades de fondo que los mueven alcancen su satisfacción de modo ordenado. Por lo que, conocer la necesidad de fondo es fundamental para poder encauzarla bien, enfocándola en la sintonía de la voluntad de Dios y así evitar lo que es contrario a la ley eterna.

1.4. Naturaleza herida

El pecado original no ha corrompido la naturaleza humana, como decía Lutero, pero la ha dejado herida: «El hombre creado para la libertad lleva dentro de sí la herida del pecado original que lo empuja continuamente hacia el mal y hace que necesite la redención»[22]. Esta

---

22   Juan Pablo II, Carta Encíclica *Centesimus annus*, 25.

herida de la naturaleza es la que, a su vez, conduce al pecado actual: «El hombre posee una naturaleza herida, inclinada al mal»[23].

Esta tendencia a hacer el mal viene dada por la concupiscencia que quedó en la naturaleza humana al perder el don preternatural de la integridad. De modo que, la concupiscencia es, en su origen, consecuencia del pecado, y, en la situación postlapsaria, inclina al pecado. Por tanto, es efecto y causa del pecado. Sin embargo, no es la única expresión de la naturaleza caída, pues el pecado también ha traído el sufrimiento y la muerte (cf. GS 18), consecuencia de la pérdida de los dones preternaturales de impasibilidad e inmortalidad, respectivamente.

Gaudium et spes afirma que el hombre está «herido por el pecado» (GS 14), habla de la «herida» de «la voluntad» (GS 78) y «la libertad» (GS 17); dice que «la inteligencia» está «parcialmente oscurecida y debilitada» (GS 15) y la conciencia entenebrecida (cf. GS 16). A estas dimensiones heridas hay que sumar, además, las heridas del corazón, afectivas y emocionales.

Así como hemos dicho de la concupiscencia, también las heridas de la condición humana son consecuencia y causa del pecado, pero no a nivel moral sino premoral. Incluso aunque el sujeto dirija su inteligencia o voluntad al mal (y haga un acto moralmente malo, consciente y deliberado), está condicionado por unas facultades que han quedado dañadas después del pecado original. Este no solo ha dejado la herencia de la concupiscencia con su tendencia al mal, sino también ha dañado las distintas facultades de la naturaleza humana.

Relación entre pecado y herida

Toda herida humana tiene su causa remota en el pecado original. La razón inmediata de la misma puede obedecer tanto al pecado actual, ajeno y propio, como a las limitaciones y/o heridas de los otros.

Las heridas provocadas por los demás vienen por traumas o carencias. En cuanto a los traumas, algunos son causados por el pecado

---

23   CEC 407.

de otro, como los abusos o la violencia (física/verbal); otros se dan por la limitación de la condición humana, como el niño que se pierde y se siente abandonado sin que necesariamente haya un culpable directo; también pueden darse por las heridas de los que nos rodean, que pueden derivar en distintas situaciones de sufrimiento, miedo (fobias), tensión, etc.

Por otra parte, las carencias que provocan heridas provienen de una necesidad no cubierta a su debido tiempo y del modo adecuado. Así, si un bebé en los primeros meses no recibe el necesario contacto físico de la madre tendrá carencia afectiva materna. Esto puede venir del pecado (si hay culpa objetiva, y es consciente y deliberado) o de la propia limitación de la persona o de la situación en que se encuentra.

Además de las heridas producidas por los demás -ya sea por sus pecados, heridas o limitaciones-, hay que tener en cuenta también las heridas que son causa de pecados. Así como hemos visto necesidades que están en la base de pecados, así también podemos detectar que hay heridas que pueden conducir a pecados.

Como el pecado puede venir condicionado por una herida, conocer las heridas es una ayuda para descubrir la raíz del pecado y, por tanto, la situación que conduce al pensamiento, dicho o acto pecaminoso. De modo que, si se llega a la herida base del comportamiento desordenado, se puede ordenar de modo más eficaz que si solo se atiende al acto en sí mismo.

La herida es la parte débil que es bueno conocer y vigilar con atención, porque por ahí entrarán los deseos concupiscentes y la tentación del enemigo, que, como dijimos, actúa por el flanco débil. Por eso, sanar las heridas fortalece ante la concupiscencia, que es la tendencia al mal que viene de la misma persona, y frente a las tentaciones, que proceden de un agente externo maligno.

La profundidad y dolor de la herida dependerá de varios factores: la gravedad y las veces que se ha repetido el daño infligido, el tiempo que se lleva con ella -pues cuanto antes se produce más huella deja- y la intensidad de la emoción que generó -aunque esta no se haya expresado-. En este sentido, podríamos distinguir distintos tipos de heridas, como son las de rechazo, abandono, humillación, traición e injusticia.

Como hicimos con las necesidades, se podría relacionar los pecados capitales con las heridas emocionales, de manera que podríamos ver la correlación entre pecado, herida condicionante y necesidad subyacente. Así, bajo la ira puede haber una herida de injusticia o de humillación, como se da después de una agresión o un abuso; que de fondo manifiesta la necesidad de defenderse, protegerse y buscar autonomía. La lujuria, la gula y la avaricia pueden tener su base en una herida de abandono, que ha llevado a un sentimiento de soledad y vacío, que se intenta paliar desordenadamente con la comida, la sexualidad o acumulando bienes, de este modo se busca satisfacer la necesidad de compañía y afecto. También puede haber herida de abandono bajo la pereza que conduce, al contrario que en los casos anteriores, al abandono de uno mismo y quedar sumido en la tristeza y soledad, desistiendo de satisfacer la necesidad asociada. La envidia y la soberbia pueden proceder de una herida de rechazo, que lleva a compararse y querer la aprobación, al haber una necesidad de reconocimiento y aceptación. También la soberbia puede venir de una herida de injusticia o de traición, que lleva a ponerse por encima del otro para restablecer la "justicia", estando de fondo la necesidad de autoafirmación, que se desordena cuando uno se afirma frente al otro.

Sanación de las heridas

La naturaleza herida es sanada por la redención de Cristo. «Sus heridas nos han curado» (Is 53,5). El que sufrió todas nuestras heridas -pues fue rechazado, abandonado, humillado, traicionado, el Inocente que sufrió la injusticia más grande- entra en estas heridas para sanarlas y transformarlas por la gracia del Espíritu: «El Espíritu cura y transforma a los que lo reciben conformándolos con el Hijo de Dios»[24]. Así como «donde abundó el pecado, sobreabundó la gracia» (Rom 5,20), donde

---

24   CEC 1129.

abundan las heridas, tocadas por Cristo, sobreabunda una vida nueva transformada. La salvación de Cristo no es extrínseca, como afirmaba Lutero, sino sanante y transformante.

Un conocimiento concreto de la naturaleza humana herida por el pecado, que conlleva buscar la raíz y descubrir la herida y la necesidad que subyace, ayuda para la sanación integral de la persona. Como el hombre está herido en sus distintas dimensiones constitutivas, la restauración del pecado actual conlleva atender, no solo al acto pecaminoso en sí mismo, sino al origen del mismo. Así como para resolver una inundación en una casa no basta con recoger el agua, sino que hay que cerrar el grifo y luego reparar los daños producidos, así ante el pecado es necesario buscar la raíz y subsanar las consecuencias.

En este sentido, es necesario actualizar la práctica del sacramento de la penitencia como sacramento de curación que es, para que sea de mayor ayuda, pues al atender a la raíz de los pecados se puede llegar a sanar las heridas que están en la base de los mismos. Por eso, un buen examen de conciencia no solo se dirige a los actos, pensamientos o palabras, sino al por qué se han producido (grifo) y busca remediar las consecuencias con la penitencia (recoger el agua y arreglar los daños). Por eso es recomendable que los confesores crezcan en el conocimiento del corazón humano para que este sacramento pueda ser signo e instrumento de curación integral.

La sanación de las heridas en Cristo se suele dar a través de un proceso en el que distinguimos unas etapas: conocer, reconocer, expresar, aceptar, integrar y resignificar. Primero, conocer las heridas, para luego reconocerlas e identificarlas como propias. También es necesario expresar, sacando los pensamientos y sentimientos, hablando o escribiendo, dejando aflorar las emociones y sensaciones de dolor o malestar asociadas a la herida, de manera que se pueda llegar a entregar al Señor lo vivido, poniéndolo en sus manos. De este modo se puede llegar a la aceptación, que no es mera resignación, sino acogida del acontecimiento que ha causado la herida, pudiéndolo integrar como parte de la propia historia. La herida está curada cuando ya es transfigurada por la gracia, como las del Resucitado, que se presenta con sus llagas resplandecientes, dándoles un nuevo significado. De modo que las heridas tratadas y sanadas transforman a la persona y son fuente de luz, dan vida y lleva a la entrega generosa del que ya no vive desde la autocompasión o el dolor.

Este proceso, como vemos, tiene en cuenta la dimensión humana de la persona, que no se circunscribe a la psicología, y debería ser más incorporado a la reflexión teológica, la pastoral y la espiritualidad. Sería deseable que los pastores tuvieran un mayor conocimiento de este dinamismo propio del comportamiento humano, para acompañar mejor a los fieles que tantas veces chocan con el mismo pecado y por más que se confiesan de él o buscan ayuda espiritual no logran superarlo. Por eso, es necesario actuar sobre la raíz profunda del mismo, para poder sanarla y que la persona pueda liberarse de él.

2. Conversión

Así como hemos estudiado el pecado en su realidad más profunda, teniendo en cuenta distintos saberes, también

> la reflexión teológica sobre la conversión debe aglutinar diversas perspectivas: dogmática, psicológica, moral, espiritual, etc., solo distinguibles teóricamente pero no en la vida real. Estos diversos planos se encuentran entrelazados y su complementariedad es un requisito necesario para alcanzar una comprensión adecuada del complejo fenómeno de la conversión cristiana[25].

La conversión consiste en un nuevo nacimiento, en un cambio profundo que se opera en el hombre, tanto a nivel individual como comunitario y estructural. Esto comporta toda la persona en todas sus

---

25   J. Alonso, "Conversión", en: Izquierdo (dir.) - Burggraf - Arocena, *Diccionario de teología*, 184.

dimensiones: cambio de corazón, de mente y voluntad, de hábitos y comportamientos… de modo que no es algo meramente extrínseco, sino que transforma íntimamente la propia vida y la realidad circundante.

¿Cuál es la condición de posibilidad de la conversión? Si el pecado del ángel caído y de Adán fue la soberbia, no queriendo obedecer a Dios ni depender de Él, la conversión supone la humildad, sometiéndose a Dios y reconociendo el ser criatura. Es pasar, por tanto, de la *aversio a Deo* a la *aversio a creatura* para llegar a la *conversio ad Deum*, renunciando a la *conversio ad creaturas*. A la virtud de la humildad le corresponde la actitud de la adoración, donde se entra en comunión con Dios, reconociéndole «como Creador y Salvador, Señor y Dueño de todo lo que existe, como Amor infinito y misericordioso»[26]. «La adoración del Dios único libera al hombre del repliegue sobre sí mismo, de la esclavitud del pecado y de la idolatría del mundo»[27].

2.1. UN PROCESO

La conversión es un camino que consiste en abandonar el pecado y el hombre viejo para seguir a Jesucristo y acoger su gracia. Este proceso dura toda la vida, pero podemos distinguir etapas significativas. La tradición y el magisterio de la Iglesia han acuñado la expresión «segunda conversión»[28]. Podemos ejemplificar esto en la vida del apóstol Pedro, que hizo un proceso de seguimiento y unión con Cristo, teniendo que arrepentirse en varios momentos de su pecado y aceptar el perdón y la vida nueva que Cristo le ofrecía. Nos centramos en particular en dos momentos claves donde podemos ver esta doble conversión.

La primera conversión coincide con el cambio de vida a partir de la llamada al seguimiento y la segunda, el paso a una vida nueva después del grave pecado de las negaciones. La conexión de ambos momentos se

---

26   CEC 2096.
27   CEC 2097.
28   Cf. CEC 1428.

expresa en la mirada de Jesús, que lo mira al llamarlo: «Jesús se le quedó
mirando y le dijo: "Tú eres Simón, el hijo de Juan; tú te llamarás Cefas
(que se traduce Pedro)"» (Jn 1,42); y también después de negarlo: «el
Señor, volviéndose, le echó una mirada a Pedro» (Lc 22,61). Estos dos
encuentros tienen otro punto en común: se dan después de una pesca
milagrosa. Tras la primera Pedro se echa a los pies de Jesús y exclama:
«Señor, apártate de mí, que soy un hombre pecador» (Lc 5,8) y recibe la
llamada a ser «pescador de hombres» (Lc 5,10). En la segunda, termina
con la triple respuesta: «Sí, Señor, tú sabes que te quiero» (Jn 21,15-17).
Son dos momentos claves de su vida en que se operan dos cambios.
En el primero la llamada le lleva a dejarlo todo para ser discípulo, en
el segundo se da un seguimiento más consciente y profundo, con la
confirmación de su misión de apóstol y cabeza, tras haber sido instruido,
haber caído y llorado su pecado «amargamente» (Mt 26,75; Lc 22,62).

En los sacramentos el bautismo es el lugar principal de la primera
conversión y la penitencia el de la segunda: «en la Iglesia, existen el agua
y las lágrimas: el agua del bautismo y las lágrimas de la penitencia»[29].
La gracia del bautismo perdona todos los pecados, tanto el original
como los personales y las penas del pecado[30], y la penitencia, también
llamado «sacramento de conversión»[31], absuelve los pecados cometidos
tras el bautismo.

La misión a la que Pedro es llamado conlleva el despojo de sí
mismo. Después de que Jesús le dice: «Apacienta mis ovejas», le indica
el camino a recorrer: «cuando eras joven, tú mismo te ceñías e ibas
adonde querías; pero, cuando seas viejo, extenderás las manos, otro te
ceñirá y te llevará adonde no quieras» (Jn 21,17-18). El que se resistió
a dejarse lavar los pies (cf. Jn 13,8), se dejará llevar hasta la entrega
total de la vida.

---

29   Ambrosio de Milán, *Epistula extra collectionem* 1 [41], 12. Cf. CEC 1429.
30   Cf. Concilio de Florencia, *Decreto para los armenios* (DH 1316); CEC 1263.
31   CEC 1423.

La conversión es un proceso en que se vive una pascua, es el paso de la muerte de uno mismo para vivir en Cristo, morir al hombre viejo para resucitar al hombre nuevo cristificado. Así, el anhelo de diviniza-ción se alcanza unido íntimamente al Hijo de Dios y al Espíritu Santo, cumpliendo la voluntad del Padre, en total obediencia y aceptación del designio divino. Esta vida en Cristo y en el Espíritu que comporta seguirlo y adherirse a Él se realiza mediante la fe que opera por la caridad (cf. Gál 5,6).

2.2. LA FE ACTÚA POR LA CARIDAD

La conversión supone un acto de fe plena en Dios. La fe, que es respuesta a la revelación y obediencia a la voluntad de Dios, comporta la entrega total de la persona:

> Hay gran diferencia entre creer en la existencia de Cristo y creer en Cristo. Pues que existe Cristo lo creyeron también los demonios, quienes, en cambio, no creyeron en Cristo. De hecho, cree en Cristo quien también espera en Cristo y ama a Cristo. Porque, si uno tiene fe sin esperanza y sin amor, cree que existe Cristo, no cree en Cristo. Así, pues, si uno cree en Cristo, Cristo viene a él y en cierto modo se une a él, y se constituye en miembro de él en su cuerpo, lo cual no es posible si a la fe no se le juntan la esperanza y la caridad[32].

En este texto del *Sermón* 144 san Agustín distingue la fe en la existencia de Cristo (*credere Christum*) y la fe en Cristo (*credere in Christum*). La primera también la tienen los demonios, pero la segunda comporta la esperanza y la caridad. De modo que, la fe conlleva no solo creer, sino también esperar y amar. El Apóstol así lo asevera: «En una palabra, quedan estas tres: la fe, la esperanza y el amor. La más grande

---

32 AGUSTÍN DE HIPONA, *Sermón* 144, 2, 2.

es el amor» (1 Cor 13,13). Las tres virtudes teologales van unidas. La
caridad «todo lo cree, todo lo espera» (1 Cor 13,7).

A estas dos dimensiones de la fe en el *Comentario al Evangelio de San Juan* añade *credere Christo*[33], de modo que señala tres, reafirmadas años después por santo Tomás: creer que Dios existe y en lo que Él es y hace (*credere Deum*), creer a Dios y lo que Él dice (*credere Deo*) y creer en Dios amándolo (*credere in Deum*)[34]. Por lo que, además de conocimiento (*Deum*), la fe es confiar en Dios (*Deo*) y adherirse a Él para alcanzar la comunión de amor (*in Deum*). La fe implica afectivamente a toda la persona que confía y se une a Dios, pues es «la fe que actúa por el amor» (Gál 5,6).

Tanto la fe y el amor traen el perdón de los pecados, como dice la Escritura: «El hombre es justificado por la fe» (Rom 3,28) y «el amor tapa multitud de pecados» (1 Pe 4,8). Al justo que vive por la fe (cf. Hab 2,4; Rom 1,17; Gál 3,11, Heb 10,38) se le perdonan todos los pecados, como a Abrahán que «creyó al Señor y se le contó como justicia» (Gén 15,6). Pero junto a la fe son importantes las obras: «¿no fue justificado por sus obras al ofrecer a Isaac, su hijo, sobre el altar? Ya ves que la fe concurría con sus obras y que esa fe, por las obras, logró la perfección» (St 2,21-22). Las obras que manifiestan la caridad traen el perdón. Las buenas obras y las virtudes pueden justificar al pecador porque su origen es, en último término, divino. No es, por tanto, la fe fiducial (*sola fide*) de Lutero.

Ejemplo evangélico de justificación por el amor es la pecadora pública: «sus muchos pecados han quedado perdonados, porque ha amado mucho» (Lc 7,47a). La fe y sus gestos de amor (lavar con sus

---

33 Cf. AGUSTÍN DE HIPONA, *Comentario al Evangelio de San Juan,* Tratado 29, 6. En este texto habla de Cristo, y lo aplica luego a Pedro y Pablo, usando las expresiones *credere in eum (Christum)* y *credere ei (Christo)*, como *credere in Petrum (vel Paulum)* y *credere Petro (vel Paulo)*.

34 Cf. TOMÁS DE AQUINO, *Summa Theologiae*, II-II, q.2, a.2. Cf. M.J. MIKALONIS, "*Credere in Deum*: una lectura de II-II, q. 2, a. 2", en: *Semana Tomista "La vitalidad de la fe frente al gnosticismo" XXXVIII*, (Universidad Católica Argentina, Buenos Aires 2013).

lágrimas, secar, besar y ungir los pies de Jesús) (cf. Lc 7,44-46) son causa del perdón[35]. Así también en Pedro que al afirmar por tres veces el amor a Jesús recibió el perdón de su triple negación (cf. Jn 21,15-17), según la tradicional exégesis del texto[36]. El perdón se obtiene por la caridad, que es la expresión más sublime de la fe. Jesús despide a la pecadora, que había sido perdonada por su amor, diciéndole: «Tu fe te ha salvado, vete en paz» (Lc 7,50).

La fe que obra por la caridad es la que lleva al cambio que transformó a los que se encontraron con Jesús. El amor es la fuente que transforma a toda la persona. Por eso, tanto el mandato antiguo como el nuevo exhortan a amar con todo el ser, un amor absoluto que comporta todo el corazón, toda el alma y todas las fuerzas (cf. Dt 6,5; Mc 12,29-30). Jesús eleva el mandato antiguo con su ejemplo: «que os améis unos a otros; como yo os he amado» (Jn 13,34).

La eucaristía es sacramento de fe y amor. En ella también hay conversión, no solo por lo que sucede en los creyentes, sino porque el pan y el vino en la consagración se convierten por la epíclesis en el Cuerpo y la Sangre del Señor. Este cambio operado por el Espíritu es signo de la propia vida, pues los dones ofrecidos significan lo humano y el Espíritu toma lo frágil y lo diviniza. En la eucaristía se hace presente sacramentalmente el cambio que esperamos. La conversión lleva a la divinización, de modo que vivir eucarísticamente es una ayuda para, desde la limitación presente, cultivar el anhelo de divinización.

Así pues, la conversión no consiste solamente en la fe que justifica o en la dimensión cognoscitiva del creer, sino que es confianza en Dios y entrega oblativa de todo el ser por amor, vida eucaristizada en comunión con Cristo y los hermanos.

---

35   El amor de esta mujer no solo causa el perdón, sino que también es consecuencia del perdón, pues así dice Jesús: «al que poco se le perdona, ama poco» (Lc 7,47b).

36   Cf. Ambrosio de Milán, *De apologia prophetae Dauid*, 49-50 (ed. F. Lucidi, *Città Nuova-Biblioteca Ambrosiana* [Roma-Milán 1981] vol. 5, 106); Toraño López, *La teología de la gracia en Ambrosio de Milán*, 325-329.

Si la conversión es la entrega de toda la persona, es conveniente conocer bien al ser humano para que el cambio pueda tocar todas las facetas de la propia vida y la de nuestros hermanos. El camino de conversión lleva al gran reto del clásico "conócete a ti mismo", tanto para uno mismo como para conocer a los demás, y así no caer en reduccionismos.

La antropología bíblica es unitaria, pero tiene en cuenta distintas dimensiones. El hombre es *basar, nefes y ruah* (cuerpo, alma y espíritu)[37]. La teología, influida por la filosofía griega, tenderá a considerar al hombre como cuerpo y alma. En cualquiera de los modelos antropológicos, la reflexión teológica sobre la constitución del hombre mantiene la unidad de la persona humana en la pluralidad de dimensiones.

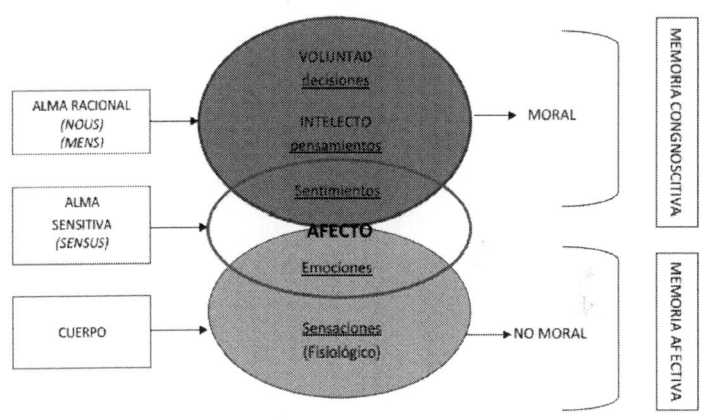

En este gráfico integramos conceptos clásicos de la antropología griega con otros más recientes de la psicología moderna. En la unidad del ser humano, podemos distinguir cuerpo y alma, y en el alma una dimensión superior racional y otra inferior sensitiva. En la imagen faltaría

---

37   La traducción es equivalencia, pues los términos hebreos tienen su semántica concreta. Cf. E. MARTÍNEZ SIERRA, *Antropología teológica fundamental* (BAC, Madrid 2002) 77-79.

el espíritu, de la concepción triádica, que es la dimensión humana que nos une al Espíritu divino, a la trascendencia.

Nuestro objetivo es poner en relación las dimensiones constitutivas del hombre con el cambio que opera la conversión, de modo que se tenga en cuenta tanto la perspectiva moral, pasar del pecado a la virtud, como también lo no moral que concurre en nuestros pensamientos, decisiones, deseos y actos.

El hombre es un sujeto moral porque está dotado de razón, es decir, con alma racional, que es la dimensión superior del alma (en griego *nous* y en latín *mens*). En el alma racional la antropología clásica distingue tres potencias: el entendimiento (sede de los pensamientos), la voluntad (sede de las decisiones) y la memoria cognoscitiva (sede de los recuerdos conscientes), que en su distinción hay que verlas en relación. Tiene carácter moral lo que es consciente (entendimiento) y deliberado (voluntad libre).

El conocimiento del hombre nos conduce también a atender la dimensión amoral o premoral, pues las sensaciones físicas (cuerpo), la memoria sensitiva (o memoria afectiva) y las emociones (pasiones) en sí mismas no son ni buenas ni malas[38], por lo que de por sí no son pecado. Así, la sensación es la mera percepción sensorial suministrada por los sentidos externos, que puede ser consciente o no, mientras que la emoción es una respuesta automática de los sentidos internos a un estímulo que tiene un correlato fisiológico-sensorial (por ejemplo, la emoción de miedo lleva a un sobresalto interior, que se puede exteriorizar con un grito o temblando y puede quedar somatizado, sobre todo si no se expresa, con un nudo en el estómago)[39].

---

38   CEC 1767: «En sí mismas, las pasiones no son buenas ni malas. Sólo reciben calificación moral en la medida en que dependen de la razón y de la voluntad». El término "emociones" en psicología es muy cercano al de "pasiones" de la teología moral.

39   Cf. I. FILLIOZAT, *¿Qué me está pasando? Las emociones que nos afectan cada día* (Mensajero, Bilbao 2003) 21-74; L. GREENBERG, *Emociones: una guía interna* (Desclée de Brouwer, Bilbao 2000).

Tantas personas se sienten culpables por meras sensaciones (como la excitación sexual como sensación no provocada, que es una consecuencia bastante frecuente del abuso sexual), o por emociones como la ira, el odio…que no comportan culpa moral. Sensaciones y emociones serían el "sentir" de la distinción clásica moral entre sentir y consentir. Aunque en nuestra terminología los sentimientos son distintos de las emociones y sí tienen carácter moral, porque en ellos se unen elementos emotivos y racionales, combinándose emoción y pensamiento, por eso en el gráfico están en la intersección de alma sensitiva y racional. A diferencia de las emociones, los sentimientos constituyen un estado afectivo complejo que persiste en ausencia del estímulo.

En cuanto a la memoria distinguimos la memoria cognoscitiva, que son los recuerdos conscientes que nuestro entendimiento puede traer al momento presente, de la memoria sensitiva (o afectiva). En esta queda impreso todo lo vivido desde la concepción, quedando grabadas las sensaciones experimentadas, emociones, sentimientos, vivencias, etc. que han dejado una marca en la afectividad, es decir, que tienen relación con momentos en los que hemos experimentado el amor o la falta del amor que necesitábamos.

El alma racional, entendimiento y voluntad, ha de dirigir las dimensiones inferiores de la persona para encaminar a toda la persona al bien, a la virtud, pero no lo puede hacer despóticamente, sino que ha de contar con el alma sensitiva y el cuerpo, ya que estos están influyendo y afectando a la persona. A veces se piensa que basta con la razón y no se considera que lo que la memoria cognoscitiva no recuerda está grabado en la memoria sensitiva; además, no siempre el entendimiento y la voluntad tienen la luz y la fuerza suficientes, respectivamente, para conocer y afrontar la situación.

La parte racional, en cuanto responsable del cuerpo y del alma sensitiva, ha de conocerlos bien y mantener con ellos una buena comunicación, pues ahí es donde ha quedado grabado todo lo inconsciente, que influye, condiciona y, no pocas veces, dirige a la persona, como pasa con los sufrimientos físicos o los impulsos emocionales

Conocer al ser humano, teniendo en cuenta tanto la unidad como la distinción, sin separación ni confusión[40], es clave para que la conversión sea integral, y que Dios tome a la persona por completo con cada dimensión. De hecho, para discernir bien la moralidad de los actos es clave conocer la realidad objeto de discernimiento (la persona concreta), saber distinguir sus distintas facultades y ponerlas en relación.

2.4. Metanoia

El término *metanoia* (conversión) expresa un cambio total y radical de vida, como aparece en la Escritura y la tradición, que supone la transformación profunda de toda la persona en las distintas dimensiones descritas.

La conversión conlleva, por tanto, ordenar pensamientos, decisiones, sentimientos y acciones, atendiendo al impacto que las sensaciones y emociones tienen en el comportamiento humano. De manera que, desde el conocimiento del ser humano en su integridad, se puede entender y abordar los distintos desequilibrios del corazón humano.

En este sentido, la conversión es el proceso por el que se ordena todo lo que en la persona está desordenado, dando respuesta adecuada a sus necesidades y atendiendo a sus heridas en cada situación particular. Así, se han de ordenar pensamientos perturbadores, afectos desordenados, comportamientos inadecuados, descubriendo la raíz para que sea atendida la necesidad y sanada la herida. En este proceso la dimensión racional gobierna a la pasional.

---

40 La fórmula de Calcedonia («sin confusión, sin cambio, sin división, sin separación»: cf. DH 302) puede ser aplicada a las dimensiones del ser humano. Unidad y distinción es una clave teológica de equilibrio para explicar los distintos misterios: en la Trinidad hay una sola naturaleza, sustancia o esencia divina y tres personas distintas; en Jesucristo, una persona y dos naturalezas distintas; en la unidad del designio divino, dos dones distintos (creación y salvación). Cf. E. Toraño López, *Antropología teológica* (Universidad San Dámaso, Madrid 2023) 42-45.

La fe es la que hace posible la *metanoia*, pues, como vimos, implica a toda la persona: al entendimiento que cree, a la voluntad que se adhiere, al corazón que confía y se entrega. En la liturgia celebramos la fe y la profesamos, como se hace en los sacramentos de iniciación cristiana.

En el bautismo forma parte de un único rito las renuncias (a Satanás, al mal, al pecado) y la profesión de fe (en la Trinidad y otras verdades). En esta doble declaración se manifiesta el cambio de la conversión, que supone renunciar y afirmar. Rechazar al mentiroso y padre de la mentira y aceptar al que es la Verdad y las verdades reveladas. Para poder acoger a Dios, antes hay que rechazar lo que es contrario a Él.

Para el cambio de pensamientos, afectos o comportamientos, se renuncia a todas las mentiras, instigadas por Satanás, que no son conformes a la verdad revelada. Después se profesan las verdades afirmándolas, no tanto en este caso las referidas a Dios, sino las que tienen que ver con la identidad del hombre y de cada persona en concreto.

Así pues, un modo como la persona puede tomar una decisión voluntaria consciente sobre lo que necesita cambiar es concretar las situaciones de su vida que necesitan ser transformadas. En cuanto a los actos: renunciar al comportamiento desordenado y lo que lo origina para luego afirmar lo que es ordenado. Lo cual se puede hacer a través de una oración de este tipo: "en el nombre de Jesús renuncio a… y declaro…", por ejemplo: "renuncio a comer en exceso y declaro que merezco comer bien cuidando la salud". También en el terreno de los afectos, renunciar en el nombre de Jesús a los afectos desordenados para declarar el cambio a un afecto ordenado concreto y realista ("renuncio al apego desordenado a tal persona, cosa, cargo… y me declaro libre de este apego en el nombre de Jesús"). Así, el ritual bautismal se hace existencial, renunciando a lo malo (pecado/desorden) y profesando el bien (virtud/orden).

Desde esta dinámica vamos a desarrollar la *metanoia* de los pensamientos, buscando la transformación de las mentiras de la mente en verdades, con vistas a que los pensamientos obsesivos, negativos y destructivos sean cambiados por otros positivos y constructivos, que sean verdaderos.

Creencias de base

Para poder poner orden a los pensamientos hemos de conocer que, en la mente, junto a los pensamientos conscientes elaborados por el entendimiento, conviven los que proceden de vivencias pasadas y que han quedado impresos en la memoria sensitiva. Estos están muy enraizados y son los que dan lugar a las creencias de base.

Podemos definir estas creencias como convicciones que están interiorizadas y que permanecen firmemente arraigadas, por lo que creemos en ellas más que en la verdad que recibimos desde fuera. Estas se han ido grabando a nivel profundo a partir de los mensajes recibidos, fundamentalmente en la infancia, ya porque fueron escuchados o ya al inferirlos por percepciones experimentadas, en especial con relación a las figuras de referencia (padre, madre).

Hay creencias positivas, que vienen de mensajes positivos, de amor, reconocimiento, aceptación y valoración que hacen posible una sana autoestima y una buena adaptación de la persona. Estas creencias están en sintonía con las necesidades más elevadas y con las verdades reveladas por Dios sobre el hombre. Son las que aluden a nuestra identidad: ser a imagen de Dios (Gén 1,27), hijo de Dios en Cristo por el Espíritu, amado, precioso, valioso: «eres precioso ante mí, de gran precio, y yo te amo» (Is 43,4), es lo que dice Dios de mí.

Hay creencias negativas que vienen de mensajes negativos que afectan fundamentalmente a la idea que uno tiene de sí mismo, también en relación con su lugar en el mundo. Las creencias negativas llevan a que la persona tenga un autoconcepto negativo, con pensamientos del tipo: "no valgo", "no soy suficiente", "no merezco nada", "no sirvo", "no hago nada bien", "soy inútil", "soy tonto"... También pueden derivar en una responsabilidad no apropiada, con ideas como estas: "tendría que haber hecho algo", "debería hacerlo mejor", "tengo que ser perfecto"... A veces llevan a pensamientos de inseguridad como:

"no puedo confiar en nadie", "estoy en peligro", "soy una molestia", "no me puedo proteger"… Creencias falsas de autoconcepto negativo llevan fácilmente a responsabilidades inadecuadas. Así, del creer: "no merezco ser querido", se puede derivar en: "tengo que ser bueno/perfecto para que me quieran". Por lo que si no logro ser bueno/perfecto se consolida la idea de que no merezco ser querido.

Estos mensajes negativos suelen además ser absolutizados y van acompañados por términos como siempre, nunca, todo, nada… llevando a pensamientos como: "lo hago todo mal", "nunca voy a poder", "no valgo nada", etc.

La creencia falsa es una convicción errónea que queda fijada como verdad, aunque no lo sea, y es difícil desprenderse de ella, ya que a fuerza de repetirse se ha convertido vitalmente para el sujeto en una verdad. Uno, ya desde niño, va creyendo en esa mentira (que es inútil, que no sirve para nada…), y esta idea falsa de sí mismo se va estructurando en su mente como algo verdadero, interpretándolo todo desde esta idea, que con el tiempo pasa a ser una precomprensión (prejuicio) de sí mismo. De modo que, cuando alguien dice lo contrario a la creencia arraigada, "vales", "eres amado", no lo creerá, dando solo resonancia y credibilidad a los que refuerzan la idea que ya tiene en su mente. Aunque se llegue a contradicciones, como tantos que creen que Dios no los quiere, siendo esto imposible pues la esencia de Dios es amar y por tanto no puede no amar, sin embargo, la creencia psicológica arraigada prevalece sobre la creencia de la fe revelada. De modo que la errónea "verdad de fe" tiene más fuerza en el sujeto que las verdades objetivas por el enorme arraigo que tiene en sus vivencias, aunque sean subjetivas.

Las creencias negativas suelen ir asociadas a una baja autoestima, donde afloran pensamientos y sentimientos de indignidad, que llevan a pensar que es imposible recibir amor.

Las creencias falsas asentadas hay que conocerlas para poder desenmascararlas y que se puedan convertir en verdaderas, conforme a la verdad revelada. Cuando ya están identificadas, siguiendo el rito "bautismal", se renuncia a cada una de ellas, de modo concreto, para después afirmar la verdad opuesta. Se puede hacer a través de una oración en el nombre de Jesús donde se renuncia a la mentira y se afirma la verdad contraria, como esta: "En tu nombre Jesús, renuncio a pensar que no valgo nada y afirmo que soy valioso, como dice tu Palabra"; "en tu nombre Jesús, renuncio a pensar que no merezco ser amado y afirmo que soy hijo amado".

Así como la repetición de la mentira ha terminado creando una creencia falsa, la repetición de la verdad va configurando una nueva creencia. Se trata de un paso en fe, no de una mera repetición como técnica o método, esto no sería suficiente y menos cuando la mentira ya está muy arraigada. Este acto de fe consiste en la determinación de elegir lo que Dios piensa de mí. Se puede, en este sentido, hacer lo que podríamos llamar una oración de aceptación donde elijo la verdad: "Elijo lo que Tú piensas de mí". "Acojo que soy valioso, soy amado, soy digno...".

2.5. VIDA TRANSFORMADA EN EL ESPÍRITU

El cambio de mente, de afectos, de comportamientos, etc. es posible por la invocación epiclética, porque la acción del Espíritu puede hacer posible lo que para uno es imposible, como sucedió con la concepción virginal en María: «para Dios nada hay imposible» (Lc 1,37). Por eso, es muy fecundo invocar al Espíritu Santo para que penetre en el afecto desordenado y lo coloque, para que entre en la convicción falsa y la cambie en creencia verdadera, y así también con los comportamientos, pues Él transforma el caos en orden. Se trata de una petición en fe para que el Espíritu ordene todas las dimensiones de la persona: pensamientos, decisiones, sentimientos, emociones, etc.

La fe que obra por el amor se pone en acto en los sacramentos y en la actualización existencial de los mismos: «El Padre escucha siempre la oración de la Iglesia de su Hijo que, en la epíclesis de cada sacramento, expresa su fe en el poder del Espíritu. Como el fuego transforma en sí todo lo que toca, así el Espíritu Santo transforma en vida divina lo que se somete a su poder»[41]. En la acción sacramental de Cristo en la Iglesia por el *ex opere operato* el pecado es cambiado en gracia santificante en el bautismo y la penitencia, el pan y vino se convierten en Cuerpo y Sangre de Cristo en la eucaristía, etc.

La eficacia del sacramento permanece cuando se actualiza en la vida concreta, con actitudes y actos como los de renuncia/profesión, entrega de cada situación que se vive, etc. pues el Espíritu Santo que actúa en los sacramentos es el mismo Espíritu que obra con poder en la vida del creyente. De modo que, el anhelo de divinización, que se celebra y pregusta en los sacramentos, se concreta en la existencia al adherirnos a las verdades reveladas, dejando que nuestras mentiras sean transformadas en verdades, los desórdenes cambiados y la vida de pecado deje paso a la virtud.

---

41   CEC 1127.

RECONCILIATIO ET PAENITENTIA: ACTUALIDAD DE UN DOCUMENTO PROFÉTICO

José Manuel Horcajo Lucas
FACULTAD DE TEOLOGÍA
UESD

1. El nosotros y la conversión

Recientemente, el catedrático de Filosofía José María Torralba hablaba de la deriva contemporánea hacia posturas polarizadas y divergentes, olvidando la primera responsabilidad de asegurar la vida en común, el "nosotros" social, como terreno fértil para las disputas ideológicas. «Si se destruye el nosotros, pierde sentido cualquier otro esfuerzo»[1], sentenciaba. Esto no quiere decir que la polarización de las posturas sea tan negativa como se presenta a veces, porque confrontar opiniones nos permite fundamentar la propia postura y contrastar con la visión de los demás. Si todos opinásemos lo mismo, perderíamos nuestras convicciones, o al menos, quedarían difuminadas. No obstante, para dialogar sobre el bien y el mal, lo justo y lo injusto, es preciso una convivencia común de personas diversas con diferentes costumbres e ideas.

Este "nosotros", que fundamenta cualquier sociedad, está construido sobre múltiples reconciliaciones, que van tejiendo la historia de

---

1   J.M. Torralba, "Conjugar el nosotros": *ABC* (28.12.2023) 3.

un pueblo, de una tradición. En efecto, las heridas, cicatrizadas o supurantes, antiguas o recientes, forman parte del tejido social, epidérmico o subcutáneo. Es propio de la condición humana la vulnerabilidad y el padecimiento de heridas, personales y colectivas. Para recomponer este tejido, la reconciliación es una misión, una llamada y una responsabilidad.

En este mundo salpicado de conflictos y trufado de dolencias existe la nostalgia de la reconciliación. Se trata, como dice el papa san Juan Pablo II, de «un inconfundible deseo (…) de recomponer las fracturas (…) instaurar a todos los niveles una unidad esencial (…) una verdadera nostalgia de reconciliación»[2]. Esta llamada interna es más fuerte de lo que se puede suponer, porque no es un mero sentimiento de paz, de pasar página, sino que está instalada en la voluntad de concordia, de entendimiento, de diálogo y de acuerdos, presente en las relaciones humanas que dejan de serlo cuando ya no se desea utilizar el *logos*, sino la fuerza bruta. El deseo de reconciliación late en el interior de las relaciones humanas, convirtiéndose en un «reflejo de una incoercible voluntad de paz y -por paradójico que pueda parecer- lo es tan fuerte cuanto son peligrosos los factores mismos de división»[3].

Sin embargo, la constelación de divisiones, guerras, opresiones, conflictos, odios, humillaciones parece crecer de día en día. Existen ciertas guerras que hunden sus raíces en odios ancestrales, reconocibles en siglos precedentes, que parecen acusar de ingenua y extemporánea o utópica la reconciliación[4]. Además, en países donde no hay guerras abiertas, se alza la cultura de la cancelación[5] y la pseudo religión woke[6], que enfrenta a los ciudadanos exacerbando las posturas al modo mani-

---

2   San Juan Pablo II, Ex. Apost. *Reconciliatio et paenitentia*, AAS 77 (1985) 185-275, n. 3 (*ReP*).

3   *ReP* 3.

4   Cf. R. J. Schreiter, *Violencia y reconciliación. Misión y ministerio en un orden social en cambio* (Sal Terrae, Santander 1998).

5   Cf. F. Bonete Vizcaino, *Cultura de la cancelación* (Ciudadela, Madrid 2023).

6   Cf. N. Mering, *El dogma woke* (Rialp, Madrid 2023).

queo: los buenos y los malos. ¿Es posible una verdadera reconciliación, o debemos contentarnos con frágiles equilibrios de intereses egoístas? El papa san Juan Pablo II apunta al verdadero origen de las divisiones y enfrentamientos. Su análisis lúcido es tan bíblico como antropológico: «La nostalgia de la reconciliación y la reconciliación misma serán plenas y eficaces en la medida en que lleguen —para así sanarla— a aquella laceración primigenia que es la raíz de todas las otras, la cual consiste en el pecado»[7]. Esta afirmación solemne y sencilla es, al mismo tiempo, la que permite arrojar luz sobre el tema de la reconciliación, más allá de las corrientes estratégicas y fuerzas contrapuestas, que nunca aciertan con el verdadero dilema: «Una herida en lo más íntimo del hombre. Nosotros, a la luz de la fe, la llamamos pecado; comenzando por el *pecado original*»[8].

2. Reciprocidad entre reconciliación y penitencia

2.1. Contexto histórico de la exhortación apostólica

La exhortación apostólica *Reconciliatio et Paenitentia*, publicada el dos de diciembre de 1984, salió a luz en un momento de muchas tensiones sociales y políticas. Son los tiempos de la guerra fría, en donde la posibilidad de una tercera guerra mundial era enorme. El bloque soviético enfrentado al bloque occidental acentuaba los pequeños conflictos bélicos de cualquier parte del planeta, no solo los misiles de Cuba de 1962. El mutuo ataque nuclear era una amenaza permanente. Aunque había crecido un movimiento de búsqueda de la paz, quedó frenado con la guerra de Afganistán de 1979. El mismo papa polaco se recuperaba de las heridas del atentado que intentó acabar con su vida el trece de

---

7   *ReP* 3.
8   *ReP* 2.

mayo de 1981. El gesto de reconciliación con su agresor en la cárcel fue una imagen que dio la vuelta al mundo.

Esta reconciliación, comprendida ampliamente, se convirtió en una misión prioritaria para él. Del veintinueve de septiembre al veintinueve de octubre de 1983 se celebró en Roma la VI Asamblea General del Sínodo de los Obispos, sobre el tema *Reconciliación y penitencia en la misión de la Iglesia*. A esto se sumaba el año jubilar de la Redención, para subrayar el origen de todo perdón. También pidió a la Comisión Teológica Internacional un documento sobre la reconciliación[9]. El tema requería una amplia visión pues se trataba de llegar a la raíz. Al mismo tiempo, en el interior de la Iglesia había tensiones teológicas y pastorales que coleaban después del confusionismo postconciliar. La crisis del sacramento de la reconciliación era un síntoma evidente que preocupaba sobremanera. Como anécdota personal, recuerdo que, en mi parroquia de San Ramón Nonato, en 1982 una horda de exaltados quemó el último confesionario que quedaba. El templo se salvó de milagro.

Este documento pontificio consta de tres partes: dogmática, moral y pastoral-sacramental. La primer hace referencia a Cristo y la Iglesia como sacramento de reconciliación. La segunda, explica el pecado y la piedad de Cristo. La tercera, desarrolla la pastoral de la reconciliación y los sacramentos, especialmente el cuarto sacramento.

2.2. Cuatro reconciliaciones

El resultado de este documento ha sido muy celebrado por los diversos teólogos. Recoge de una forma equilibrada todos los elementos propios de la reconciliación y la penitencia, rescatando la teología patrística, desgranando la escolástica y en un sabio diálogo con las tendencias personalistas del siglo XX, en continuidad con la teología del concilio Vaticano II. Esto le permite contemplar la cuádruple reconciliación: con

---

9   Cf. Comisión Teológica Internacional, *La reconciliación y la penitencia. Documento 1982* (Editorial CETE, Madrid 1982).

Dios, consigo, con los demás, con la creación[10]. La ampliación del marco de la reconciliación se debe a que ha señalado el origen de toda división en el pecado. Este es uno de los grandes logros de este documento que, al mirar al fondo de la cuestión, puede elevar su mirada más allá de los análisis sociológicos al uso[11]. Si el pecado es el origen de toda división, la reconciliación será lograda por la conversión:

> Este nexo nos hace comprender que, siendo el pecado el principio activo de la división —división entre el hombre y el Creador, división en el corazón y en el ser del hombre, división entre los hombres y los grupos humanos, división entre el hombre y la naturaleza creada por Dios—, solo la conversión ante el pecado es capaz de obrar una reconciliación profunda y duradera, donde quiera que haya penetrado la división[12].

Pero antes de analizar estas cuatro reconciliaciones, que tienen como origen la reconciliación fontal, con Dios, veamos cuál es auténtico corazón de la reconciliación. Al poner el foco en el pecado, como origen de toda división, la reconciliación será necesariamente obra de la conversión, de la penitencia. A mi parecer, aquí se encuentra la enseñanza más fecunda de este texto: la reciprocidad entre reconciliación y penitencia, que no se pueden dar sino en sinergia. Pensar una reconciliación al estilo de protocolos y esfuerzos humanos es vano. Considerar la penitencia sin su horizonte de reconciliación fontal con Dios y con los demás, consigo y con el mundo, sería una ascética egolátrica. Ambas, se salvan juntas o se pierden separadas. Pero no son simétricas ni miméticas. Se trata

---

10 Cf. *ReP* 8 y 31.

11 Esta carencia sigue presente en diversas presentaciones sobre la reconciliación: Cf. J. M. Uriarte, *La reconciliación* (Sal Terrae, Santander 2013). Por lo cual sigue siendo necesario acudir a este documento para iluminar la realidad presente.

12 *ReP* 23. Para mayor precisión ponemos una parte del mismo texto latino: «solam conversionem a peccato valere ad reconciliationem, intimam atque constantem, efficiendam».

de dos movimientos, actos o procesos que se implican mutuamente[13]. La reconciliación será el sentido de toda penitencia, y esta, el corazón de la reconciliación. Veamos esto de cerca.

2.3. El corazón de la reconciliación: la penitencia

Cualquier tipo de reconciliación, para ser plena, tiene que superar el pecado, liberarse de él, ser detectado y rechazado en sus raíces más profundas. «Por lo cual una estrecha conexión interna viene a unir *conversión* y *reconciliación;* es imposible disociar las dos realidades o hablar de una silenciando la otra»[14]. La unión de los hombres no puede darse sin un cambio interno de cada uno, sin la transformación de los corazones que rechazan el pecado. La conversión, como cambio de mente y nuevo camino que se dirige hacia Dios, es la fuerza expansiva que construye la cuádruple reconciliación.

El diálogo suele ser la vía común de los intentos de reconciliación. Pero este medio no tendría validez sin la conversión que lo permite. Solo habrá un auténtico *logos* en la relación interpersonal cuando la *metanoia* guíe el diálogo, para evitar caer en un diálogo de sordos. El diálogo es un caminar juntos hacia una comprensión común de la realidad que los une, es la construcción de un nosotros desde puntos en común.

La Iglesia propone este camino hacia la concordia desde la conversión personal, que da sentido y justifica todos los medios hacia la reconciliación como son el diálogo, los acuerdos, etc.:

> *La conversión personal* es la vía necesaria para la *concordia entre las personas.* Cuando la Iglesia proclama la Buena Nueva de la reconciliación, o propone llevarla a cabo a través de los Sacramentos, realiza una verdadera función profética, denun-

---

13   Cf. D. Borobio, *Penitencia y Reconciliación,* Dossiers CPL 15 (Centre de pastoral litúrgica, Barcelona 1991).

14   *ReP* 4.

ciando los males del hombre en la misma fuente contaminada, señalando la raíz de las divisiones e infundiendo la esperanza de poder superar las tensiones y los conflictos para llegar a la fraternidad, a la concordia y a la paz a todos los niveles y en todos los sectores de la sociedad humana. Ella cambia una condición histórica de odio y de violencia en una civilización del amor; está ofreciendo a todos el principio evangélico y sacramental de aquella reconciliación fontal, de la que brotan todos los demás gestos y actos de reconciliación, incluso a nivel social. De tal reconciliación, fruto de la conversión, deseo tratar en esta Exhortación[15].

Esta conversión es un acto y un proceso que dura toda la vida. Es un volver a Dios del que se había alejado por el pecado. Así, no considera el pecado como un defecto, un objeto o un tema a tratar, sino que reconoce su condición de pecador, inclinado al pecado, no de forma abstracta, sino en la situación concreta en que se halla. Para que fluyan los gestos y procesos de reconciliación, es preciso el reconocimiento personal de la propia personalidad pecadora:

En realidad, reconciliarse con Dios presupone e incluye desasirse con lucidez y determinación del pecado en el que se ha caído. Presupone e incluye, por consiguiente, *hacer penitencia* en el sentido más completo del término: arrepentirse, mostrar arrepentimiento, tomar la actitud concreta de arrepentido, que es la de quien se pone en el camino del retorno al Padre. Esta es una ley general que cada cual ha de seguir en la situación particular en que se halla. En efecto, no puede tratarse sobre el pecado y la conversión solamente en términos abstractos[16].

15   Ibidem.
16   *ReP* 13.

La penitencia será la verificación histórica y corporal de la conversión del corazón. La conversión es un acto, la penitencia un proceso. De ahí que la conversión sea una acción permanente, dentro del proceso de penitencia de regreso al Padre[17]. Solo en este camino de regreso a la casa del Padre, es vencido el pecado.

Todos tienen necesidad de conversión y reconciliación. Aquí tenemos el punto decisivo para todo tipo de reconciliación, más allá de procedimientos, estrategias o afanes. Quizás se haga tan lejana la reconciliación precisamente por este olvido primigenio. «La originalidad de esta proclamación estriba en el hecho de que para la Iglesia la *reconciliación* está estrechamente relacionada con la conversión del corazón; éste es el camino obligado para el entendimiento entre los seres humanos»[18].

2.4. EL SENTIDO DE LA PENITENCIA: LA RECONCILIACIÓN.
LA PENITENCIA (CONVERSIÓN TOTAL) LLEVA A LA RECONCILIACIÓN

Veamos esta reciprocidad desde el otro punto de vista. La penitencia, considerada como conversión total tiene su finalidad en la reconciliación. En efecto, la penitencia es un cambio del corazón con la disposición de cambiar la propia vida, dando frutos dignos de penitencia. «Toda la existencia se hace penitencia orientándose a un continuo caminar hacia lo mejor»[19]. La penitencia es más conocida como la parte ascética, el esfuerzo concreto y cotidiano por vivir en gracia de Dios. Esto es así porque la vida de Cristo nos despoja del hombre viejo para revestirnos del nuevo, como se expresa vivamente en el bautismo, primera penitencia y conversión. La penitencia nos eleva desde las cosas de abajo

---

17 «La penitencia es, por tanto, una tarea común, una obra en colaboración entre el sujeto penitente y la Iglesia madre, en orden a un encuentro de reconciliación con la Iglesia y con Dios», D. Borobio, *La penitencia como proceso. De la reconciliación real a la reconciliación sacramental* (San Pablo, Madrid 2005) 107.

18 *ReP* 8.

19 *ReP* 4.

a las de allá arriba, donde está Cristo. «La penitencia es, por tanto, *la conversión que pasa del corazón a las obras* y, consiguientemente, *a la vida entera* del cristiano»[20].

Esta penitencia, como vida conversiva, transformación interior y exterior, histórica y corporal del pecador en Cristo vivo y resucitado tiene su finalidad en la concordia con el Padre, en la comunión de vida y amor con la Trinidad, con los hermanos, con la creación, «lo cual se realiza solamente a través de la transformación interior o *conversión* que fructifica en la vida mediante los actos de penitencia»[21].

2.5. El sacramento de la reconciliación unifica la penitencia y la reconciliación

Este documento tuvo muy buena acogida tanto por liturgistas como por teólogos. Quizá uno de sus logros sea el equilibrio dogmático y sacramental de todos los elementos implicados en la reconciliación. La mutua implicación entre reconciliación y penitencia queda ratificada y verificada en el sacramento de la penitencia o reconciliación. De este modo, los tres elementos (reconciliación, penitencia, sacramentos) son mutuamente iluminados y se convierten en contexto y sentido recíprocamente. Desde el punto de vista sacramental, contextualizar el ejercicio del cuarto sacramento con la vida penitente y conversiva, en un camino hacia la reconciliación, permite evitar la rutina, el oscurecimiento, la apatía y el individualismo, que son los habituales riesgos de una práctica sacramental anodina[22]. Del mismo modo, estos defectos son los

---

20   Ibidem.

21   *ReP* 4.

22   Así lo intenta explicar Borobio: «La conversión es sacramental en la medida en que está orientada dinámicamente hacia la celebración del sacramento. Y el sacramento es "conversivo", en la medida en que supone y lleva a plenitud la conversión», Borobio, *Reconciliación penitencial. Tratado actual del Sacramento de la penitencia* (Desclée de Brouwer, Bilbao ²1990) 158.

mismos riesgos de una reconciliación vacía de contenido conversivo y sacramental.

La ecuación que plantea el Papa es sencilla: Reconciliación → penitencia → sacramento de reconciliación.

Cada uno de los términos ha de ser considerado en sentido amplio: la reconciliación en su cuádruple forma, partiendo de la fontal con Dios. La penitencia como camino existencial de conversión en Cristo. El sacramento de la penitencia o reconciliación dentro de la sacramentalidad de la Iglesia y los medios y signos de penitencia que se vive en su evangelización y liturgia. A mi entender, esta es su gran aportación, ampliando por la mutua referencia los tres aspectos centrales de la redención. Desde la reconciliación fontal con Dios se puede comprender la penitencia, y así rescatar el brillo y vitalidad del sacramento de la penitencia o reconciliación. Así, se puede esclarecer el misterio del pecado desde el misterio de piedad, y aclarar los malos usos del sacramento de la confesión, que han conducido a una devaluación o casi desaparición del mismo en la vida cristiana[23].

Sin embargo, hay una línea muy fecunda que, estando presente, no se desarrolla explícitamente en el texto. Me refiero al camino inverso del hilo argumental del documento. Se trata de la secuencia inversa: Sacramento de la penitencia → penitencia → reconciliación.

Esto implica que, desde la propia praxis y teología del sacramento de la reconciliación, se puede comprender mejor en qué consiste la penitencia y la conversión. Desde ahí se puede iluminar ampliamente en qué consiste la reconciliación cuádruple, especialmente la fontal. Creo que se puede extraer de este documento este camino de ascenso, desde el sacramento hasta la reconciliación. ¿Acaso no son los sacramentos fuente de vida y sabiduría para nuestra existencia cotidiana? ¿Acaso el sacramento de la reconciliación celebrado en la tradición eclesial no ha supuesto una fuente de santidad? Veamos cómo puede ayudarnos a clarificar la unión entre la penitencia y la reconciliación.

---

23   Cf. Ibid., 179; *ReP* 28.

Los sacramentos tienen su función pedagógica, para mostrarnos el modo en que acontece la historia salvífica, que es sacramental, visible, sensible, al modo humano[24]. De este modo, el cuarto sacramento nos puede ayudar a comprender mejor cómo es la penitencia conversiva y cómo es la cuádruple reconciliación.

3.1. Actos del penitente: contrición, confesión, satisfacción. Contrición, corazón de la penitencia

La Iglesia ha celebrado y experimentado la penitencia desde el primer sacramento, el bautismo, y prolonga este espíritu de conversión y penitencia en los demás sacramentos y en toda su predicación y camino comunitario. Tertuliano fue el primero que llamó al sacramento de la reconciliación "segunda penitencia", por su referencia directa al bautismo[25]. En definitiva, las vías para la reconciliación son «la conversión del corazón y de la victoria sobre el pecado»[26], y los medios (*instrumenta*) son «el escuchar fiel y amorosamente la Palabra de Dios, la oración personal y comunitaria y, sobre todo, los sacramentos, verdaderos signos e instrumentos de reconciliación entre los que destaca —precisamente bajo este aspecto— el que con toda razón llamamos Sacramento de reconciliación o de la Penitencia»[27].

Este sacramento tiene la peculiaridad de que, siendo una acción divina por medio de la Iglesia, requiere la acción del bautizado, que no

---

24   «Los sacramentos poseen un fin *pedagógico* para nuestra fe: ilustran el modo de acontecer la historia salvífica: «sacramental». Jesucristo los instituyó para enseñarnos que Él se comunica y nos transmite su salvación de un modo sensible y visible, o sea, adaptado a la condición humana», Comisión Teológica Internacional, *La reciprocidad entre fe y sacramentos en la economía sacramental*, 57.

25   Cf. Tertuliano, *De Paenitentia,* 7, 10 (CCL 1, 333).

26   *ReP* 8.

27   Ibidem.

es meramente pasivo, sino que este sacramento reclama la participación consciente y activa del sujeto. El que se confiesa no es un individuo aislado, sino un bautizado, miembro del Cuerpo de Cristo. Sus actos son: confesión, contrición, satisfacción. Realmente se convierten en un mismo acto fundante, que entra en sinergia con el don de Dios. El centro es el rechazo del pecado y el propósito de no volver a cometerlo por el amor a Dios. La contrición del corazón

> es, pues, el principio y el alma de la *conversión*, de la *metá-noia* evangélica que devuelve el hombre a Dios, como el hijo pródigo que vuelve al padre, y que tiene en el Sacramento de la Penitencia su signo visible, perfeccionador de la misma atrición. Por ello, "de esta contrición del corazón depende la verdad de la penitencia"[28].

La conversión así entendida como contrición es un acercamiento a la santidad de Dios. Este camino hacia la santidad se verifica con la acusación de los pecados que, siendo un signo de mediación eclesial,

> no se puede reducir a cualquier intento de autoliberación psicológica, aunque corresponde a la necesidad legítima y natural de abrirse a alguno, la cual es connatural al corazón humano; es un gesto litúrgico, solemne en su dramaticidad, humilde y sobrio en la grandeza de su significado[29].

El tercer acto, o tercera dimensión del mismo acto es la satisfacción:

> signo *del compromiso personal* que el cristiano ha asumido ante Dios, en el Sacramento, de comenzar una existencia nueva (y

---

28   *ReP* 31.
29   Ibidem.

por ello no deberían reducirse solamente a algunas fórmulas a recitar, sino que deben consistir en acciones de culto, caridad, misericordia y reparación); incluyen la idea de que el pecador perdonado es capaz de unir su propia mortificación física y espiritual, buscada o al menos aceptada, a la Pasión de Jesús que le ha obtenido el perdón; recuerdan que también después de la absolución queda en el cristiano una zona de sombra, debida a las heridas del pecado, a la imperfección del amor en el arrepentimiento, a la debilitación de las facultades espirituales en las que obra un foco infeccioso de pecado, que siempre es necesario combatir con la mortificación y la penitencia[30].

Desde la Pasión de Cristo se comprende la dimensión terapéutica de este sacramento[31].

Este acto tridimensional es una auténtica conversión verificada por la mediación eclesial, que supone la aceptación, la recepción del don de Dios que se imparte eclesialmente en la absolución. Es el encuentro entre la iniciativa divina y la aceptación libre y arrepentida del bautizado. El sacramento es el encuentro entre Dios y el hombre en el hogar de la Iglesia, «signo de la unión íntima con Dios» (LG 1). No habría sacramento sin la iniciativa divina y la respuesta humana en el seno de la Iglesia. La acción de la recepción humana, al ser histórica y corporal tiene estas tres dimensiones: confesión, contrición y satisfacción. Boca, corazón, manos; pasado, presente, futuro; intimidad, interpersonalidad, transformación.

La penitencia es una virtud y un sacramento[32]. Este sacramento, en frase de santo Tomás, es «el cimiento en la reedificación»[33] después

---

30 Ibidem.

31 Cf. P. Sorci (ed.), *Dimensione terapéutica del sacramento della penitenza-riconciliazione* (Il pozo di Gioacobbe, Facoltà teologica di Sicilia "S. Giovanni Evangelista", Trapani 2009).

32 «La penitencia es causa de la gracia en cuanto sacramento; en cuanto virtud es efecto suyo», S. Tomás de Aquino, *S.T. III*, q. 89, a. 1, ad 1.

33 Id., *S.T. III*, q. 84, a. 6, ad 2.

del pecado, pues existe una cooperación con la gracia[34], que surge de la caridad y el organismo de las virtudes. La caridad necesita la virtud de la penitencia[35]; de la misma manera, la gracia se recupera con el sacramento. Así, existe un crecimiento armónico entre los sacramentos y las virtudes.

3.2. PENITENCIA CANÓNICA Y CONVERSIÓN DE LA IGLESIA

La penitencia pública, primer formato del sacramento en la época patrística, comunitaria, que después se hizo canónica y ha seguido vigente durante muchos siglos nos puede ayudar a comprender mejor el sacramento de la reconciliación. Ciertamente se dejó de practicar por la dilatación de los procesos, que se hacían tediosos, complejos y conducían a llevar una vida casi monacal[36]. Pero la gran enseñanza de estos siglos es el afán de conversión de los bautizados. Realmente, con la decadencia de las catequesis bautismales, llegó también la decadencia de la penitencia canónica. La íntima vinculación entre bautismo y penitencia nos permite comprender la importancia de la vida conversiva del bautizado y de toda la comunidad cristiana[37]. Todos los bautizados rezaban y acompañaban a los que caminaban en el orden de penitentes. No eran los casi expulsados, sino el recordatorio para todos de que el bautismo requiere santidad de vida, y una vida penitente[38]. Toda la Iglesia debe vivir en estado de conversión. La Iglesia como madre[39] y

---

34 ID., *S.T. III*, q. 84, a. 5.

35 «La caridad, en efecto, exige que el hombre se duela de la ofensa cometida contra el amigo, y que el hombre busque la reconciliación con el amigo», ID., *S.T. III*, q. 84, a. 5 ad 2,

36 Cf. C. COLLO, *Reconciliación y penitencia. Comprender, vivir, celebrar* (San Pablo, Madrid 1994) 93.

37 Cf. R. ROSSI, *La formazione del Sacramento della Penitenza. Un ritorno alla prassi battessimale della tradizione antica (secoli II-VII)* (Chirico, Napoli 2004).

38 Cf. N. LÓPEZ MARTÍNEZ, *La penitencia* (Edapor, Madrid 1991).

39 «Habere non potest Deum Patrem qui ecclesiam no habet matrem», CYPRIANUS CARTHAGINIENSIS, *De Unitate Ecclesiae* (PL 518-520).

maestra educa a sus hijos en un proceso de penitencia para recuperar
la santidad perdida[40].

La reconciliación con Dios y con la Iglesia se producía por la imposición de manos del obispo al término de su proceso penitencial. Pero no se entendía como un premio a sus esfuerzos o el título adquirido por cumplir todos los requisitos[41], sino más bien como la verificación de la auténtica conversión, que es el momento de la gracia y la reconciliación. Aunque se hiciese en momentos sucesivos, no era una concatenación de actos (primero humano y después divino), sino un mismo Misterio Pascual. De hecho, en España se realizaba la reconciliación el viernes santo mientras que en el resto de las Iglesias el jueves santo[42]. Se entendía que era un solo acto: la entrega de Cristo por los pecadores y su acogida contrita.

3.3. Santo Tomás de Aquino: penitencia interior, contrición

En 1215, en el concilio IV de Letrán, se establece canónicamente la vigencia del sacramento tal como se practica en la actualidad[43]. De aquí, que años después, la teología sacramentaria de santo Tomás de Aquino puede recoger las reflexiones maduras de los teólogos precedentes. El mismo dominico profundiza en la centralidad de este sacramento, pasando de una concepción de causalidad dispositiva -típica del contexto teológico del momento- a una causalidad instrumental -fruto

---

40 «Grande es pues la fecundidad de esta virgen... Solícito es el cuidado de esta madre para con sus hijos y tierno el cariño: felicita a los buenos, reprende a los soberbios, cura a los enfermos: a ninguno deja perecer, a ninguno desecha: esta madre bondadosa conserva su prole alejada del peligro», S. Paciano, *Paraenesis,* 4 (PL 13, 1066).

41 De hecho, los requisitos penitenciales variaban bastante. La penitencia gala imponía raparse el cabello, mientras que la hispana dejarse barba y pelo largo.

42 Cf. D. Borobio, *La penitencia en la Iglesia hispánica del s. IV-VII* (Desclée de Brouwer, Bilbao 1978).

43 «Omnia sua solus peccata saltem semel in anno fideliter confiteantur proprio sacerdoti, et iniunctam sibi paenitentiam pro viribus studeat adimplere», DH 812.

maduro de la *Summa Theologiae*[44]. Este cambio en su doctrina se debe a la sinergia entre la gracia divina y la acción humana. Considera que el sacramento de la penitencia no solo dispone al sujeto para que Dios le perdone, sino que Dios le perdona en el mismo acto sacramental, que es humano y divino, pues las acciones del penitente (confesión, contrición, satisfacción) no son solo dispositivas, preparatorias, sino que verdaderamente son la acogida y recepción de la gracia que otorga la absolución. Por eso el sacramento es causa instrumental, efectúa el perdón, no solo dispone a ello.

Esta perspectiva sitúa a los actos del bautizado en la categoría de acogida del don de Dios. Es una sola acogida. Santo Tomás, en un texto denso de contenido, explica que la penitencia exterior (confesión, llanto) es causa de la penitencia interior, que es la verdadera contrición[45]. Y ambas (penitencia exterior e interior) son la causa del perdón. En el lenguaje escolástico, la penitencia exterior es el signo (*sacramentum tantum*), la penitencia interior es la *res et sacramentum,* y el perdón es la realidad final (*res tantum).* Lo que intenta subrayar es que el centro del sacramento es la contrición o penitencia interior. Esta verdadera conversión integral está preparada por la penitencia externa y se manifiesta en la satisfacción, sin las cuales no es auténtica. Pero, a su vez, esta penitencia interna es ya la acción de la gracia divina. No es un mero acto humano que dispone al hombre a recibir la gracia, sino la conversión del hombre en gracia. Por eso, el resultado sacramental es la penitencia interna o contrición, o conversión.

Esto es posible por la infusión de la caridad en el mismo acto de la penitencia interior. No hay contrición sin la gracia, sin la caridad[46]. Es posible la contrición por la caridad que habita en el bautizado. La atri-

---

44   Cf. P. López-González, *Penitencia y Reconciliación. Estudio histórico-teológico de la "Res et Sacramentum"* (Ediciones Universidad de Navarra, S.A., Pamplona 1990) 112.

45   Cf. S. Tomás de Aquino, *S.T. III,* q. 84, a. 1, ad 3.

46   «La contrición formada por la gracia e imperada por la caridad es efecto de Dios que mueve a la justificación. Sin la contrición no hay justificación porque es la disposición última que coincide con la gracia», López-González, *Penitencia y Reconciliación*, 168.

ción, como ya destacó Guillermo de Auvernia, maestro y posteriormente obispo de París, es por el temor, no por el amor. La atrición no es una contrición más leve, menos intensa o un porcentaje de la contrición. Son actos diferentes. Uno sin la gracia, el otro con la gracia y la caridad. Esta centralidad de la caridad le permitirá unificar tanto la reconciliación con Dios y con la Iglesia en el mismo sacramento, como dos dimensiones del mismo dinamismo de la caridad, superando así la teología de su tiempo, por ejemplo, la de san Buenaventura.

3.4. CATEQUESIS Y SACRAMENTO DE LA PENITENCIA

Después de la gran síntesis tomista, se pierde esta unidad interna, porque los diversos elementos del sacramento se irán analizando progresivamente por separado y se va perdiendo su raíz en la caridad. El concilio de Trento defenderá la visión sacramental de la penitencia, lo que producirá una cierta simplificación del proceso penitencial de toda la Iglesia. Posteriormente, el concilio Vaticano II consigue recoger los estudios patrísticos para enfocar de nuevo este sacramento[47]. Así, la penitencia se contempla como la vida conversiva de toda la Iglesia, que es reconciliada y reconciliadora. La Iglesia ha aprendido a dialogar con paciencia, gradualidad, para regenerarse. Ha aprendido la «regeneración de los corazones mediante la conversión y la penitencia»[48]. La verdadera renovación social y la paz no se logran sin un camino penitencial y de conversión[49].

---

47 A comienzos del siglo XX se promovieron los estudios sobre este sacramento por el debate que suscitó el carmelita español B. M. XIBERTA, *Clavis Ecclesiae. De ordine absolutionis sacramentalis ad reconciliationem cum Ecclesia* (Univ. Gregoriana, Romae 1922). Su conclusión: «Reconciliatio cum Ecclesia est res et sacramentum sacramenti paenitentiae». La intuición es de su director de tesis Maurice de la Taille.

48 *ReP* 25.

49 Cf. D. BOROBIO, *Para comprender, celebrar y vivir la reconciliación y el perdón* (PPC, Madrid 2001).

La Iglesia ejerce toda una catequesis de reconciliación y penitencia porque ella misma se sabe reconciliada[50]. Habla de la conversión como regreso al Padre, camino que ella misma experimenta. La penitencia es un arrepentimiento, un «verdadero cambio radical del alma»[51]. Hacer penitencia es «restablecer el equilibrio y la armonía rotos por el pecado, cambiar de dirección incluso a costa de sacrificio»[52]. De este modo, toda la vida de la Iglesia se convierte en penitencia y conversión, incluso todos los sacramentos, no solo el de la Confesión[53].

Así, el dinamismo de la caridad en el sacramento se manifiesta como amistad conversiva[54], pues es una dulce compañía en un camino común hacia la comunión con el Padre[55]. Esta amistad conversiva nos permite fundamentar en el "nosotros" eclesial y social, fundamento de cualquier diálogo y confrontación de posturas. Esta amistad conversiva incluye la *metanoia* que busca la verdad en común y el *epistrefo*, como camino hacia Dios[56].

4. LAS CUATRO RECONCILIACIONES

Hemos aprendido del sacramento de la reconciliación que el don sacramental se ofrece en la conversión penitente o contrición, que ya es por la caridad. Esta conversión penitente tiene lugar en la Iglesia y en

---

50 Cf. COLLO, *Reconciliación y penitencia*, 112.

51 *ReP* 26.

52 Ibidem.

53 Cf. *ReP* 27.

54 Cf. Z. HERRERO, "La conversión como retorno a la amistad divina": *Estudio Agustiano* 11 (1976) 3-45.

55 «Los pecados son perdonados en cuanto Dios, por causalidad ministerial del sacramento, hace que el penitente participe de la "caridad eclesial", porque libremente pone el acto que es a la vez la unión perfecta con la Iglesia y la perfecta conversión a Dios», Z. ALSZEGHY, "Carità ecclesiale nella penitenza cristiana": *Gregorianum* 44 (1963) 5-31, aquí 21.

56 Cf. COLLO, *Reconciliación y penitencia*, 63.

sus hijos. Veamos ahora cómo afecta esto a la cuádruple reconciliación de la que habla el Papa.

4.1. RECONCILIACIÓN FONTAL: HIJO CON DIOS PADRE

Son muchos los actos de reconciliación que se necesitan en este mundo, «mas la preocupación principal del Sínodo era la de encontrar en lo profundo de estos actos aislados su raíz escondida, o sea, una reconciliación, por así decir fontal, que obra en el corazón y en la conciencia del hombre»[57]. La Iglesia va a la raíz de las heridas,

> en virtud de su misión esencial, la Iglesia siente el deber de llegar hasta las raíces de la laceración primigenia del pecado, para lograr su curación y restablecer, por así decirlo, una reconciliación también primigenia que sea principio eficaz de toda verdadera reconciliación[58].

Por tanto, la reconciliación no puede ser una mera obra humana, un fruto de la buena voluntad, es principalmente un don del Padre celestial[59], una iniciativa suya. «Nuestra fe nos enseña que esta iniciativa se concreta en el misterio de Cristo redentor, reconciliador, que libera al hombre del pecado en todas sus formas»[60]. Así lo señalan los textos paulinos de la reconciliación[61]: Cristo es nuestra paz y nuestra reconciliación, con toda su vida y especialmente en el Misterio de la Cruz, drama donde se comprende la división del hombre respecto a Dios. En el Gólgota se

---

57 *ReP* 4.
58 Ibidem.
59 Cf. *ReP* 5.
60 *ReP* 7.
61 Cf. Rom 5, 10-11; 2 Cor 5, 18-20; Ef 2,11-16; Col 1,19-22.

percibe la dimensión vertical y la horizontal de la reconciliación[62]. Del rechazo del amor de Dios proceden las divisiones de la humanidad[63].

El sentido del pecado

Este es el punto decisivo que quiere señalar la exhortación del papa Wojtyła. Cualquier intento de explicar el mal moral, las ofensas y las divisiones desde fundamentos psicológicos, sociológicos o históricos, no alcanza a comprender el verdadero sentido del pecado. Todos estos intentos, además de ser teorías vanas, amortiguan la noción de pecado, diluyéndolo en vagas distorsiones que, ni explican el misterio del mal, ni aciertan a resolverlo. «Es vano, por lo tanto, esperar que tenga consistencia un sentido del pecado respecto al hombre y a los valores humanos, si falta el sentido de la ofensa cometida contra Dios, o sea, el verdadero sentido del pecado»[64].

El origen del mal está en el pecado, ofensa a Dios, de la cual brota y arraiga el mal en los corazones, y sus consecuencias son responsabilidad de un sujeto que puede reconocer "he pecado". La vaguedad en el sentido del pecado provoca una ambigüedad en la responsabilidad. «El efecto de este vuelco ético es también el de amortiguar la noción de pecado hasta tal punto que se termina casi afirmando que el pecado existe, pero no se sabe quién lo comete»[65]. El llamado pecado social, ha de entenderse en sentido analógico, porque no elimina la responsabilidad personal[66].

Cuando se sustituye la responsabilidad de ser pecador por concepciones como "errores", "incorrecto", "fallos", entonces no tiene

---

62   Cf. J. Laffitte, *El perdón transfigurado* (Ediciones Internacionales Universitarias Madrid, EIUNSA, Madrid 1999).

63   Cf. *ReP* 10.

64   *ReP* 18.

65   Ibidem.

66   «Todo pecado repercute, con mayor o menor intensidad, con mayor o menor daño en todo el conjunto eclesial y en toda la familia humana. Según esta primera acepción, se puede atribuir indiscutiblemente a cada pecado el carácter de pecado *social*», *ReP* 16.

cabida la penitencia y, por lo tanto, la reconciliación queda lejos. La Iglesia recuerda que el pecado es poner a Dios como «secundario, o incluso superfluo y molesto»[67]:

> La pérdida del sentido del pecado es, por lo tanto, una forma o fruto de la *negación de Dios*: no solo de la atea, sino además de la secularista. Si el pecado es la interrupción de la relación filial con Dios para vivir la propia existencia fuera de la obediencia a Él, entonces pecar no es solamente negar a Dios; pecar es también vivir como si Él no existiera, es borrarlo de la propia existencia diaria[68].

La pérdida del sentido del pecado deriva del oscurecimiento de la Paternidad de Dios que, por lo mismo, crea una conciencia de que el mal tiene su origen en las condiciones sociales y económicas, diluyendo la responsabilidad en estructuras genéricas.

Esta pérdida del sentido del pecado también deriva de una deficiente predicación cristiana, de una confusa moral, de una visión individualista de la conversión y de una praxis rutinaria del sacramento de la penitencia[69]. «Restablecer *el sentido justo del pecado* es la primera manera de afrontar la grave crisis espiritual, que afecta al hombre de nuestro tiempo»[70]. Pasados casi veinte años, seguía insistiendo en el mismo punto[71].

---

67   J. Ratzinger - Benedicto XVI, *Jesús de Nazaret. Desde el Bautismo a la Transfiguración* (La Esfera de los libros, Madrid 2007) 52.

68   *ReP* 18.

69   Ibidem.

70   Ibidem.

71   Cf. S. Juan Pablo II, C. Apost. En forma motu proprio *Misericordia Dei. Sobre algunos aspectos de la celebración del sacramento de la penitencia* (7 abril de 2002).

Pero no basta con señalar el origen del mal y el verdadero sentido del pecado que impide la reconciliación. La conversión del corazón procede de un impulso más alto que el conocimiento o el análisis de la realidad propia y ajena. Es la piedad de Dios por nosotros, que se nos ofrece como misterio. Es el principio secreto vital que penetra hasta las raíces más profundas de la iniquidad, impulsando nuestra alma a la conversión hasta la reconciliación[72]. Es lo que san Pablo expresó en un himno como «misterio de piedad» (1 Tim 3,15). Este misterio, siguiendo la dinámica de la reconciliación sacramental tiene su acogida y reflejo en el hombre, que asume la piedad (*eusebeia*) de Dios Padre, la incorpora y responde con su propia piedad filial. Como explica el papa Wojtyła:

> También en este sentido *la piedad*, como fuerza de conversión y reconciliación, afronta la iniquidad y el pecado. Además, en este caso los aspectos esenciales del misterio de Cristo son objeto de la *piedad* en el sentido de que el cristiano acoge el misterio, lo contempla y saca de él la fuerza espiritual necesaria para vivir según el Evangelio[73].

El misterio de piedad se comprende como nuevo nacimiento, como un manantial interior de energía espiritual. Esto convierte a la Iglesia en la casa del Dios viviente, en el hogar, en la familia reconciliada y reconciliadora de los hijos de Dios. Así, podemos comprender la segunda reconciliación.

---

72   Cf. *ReP* 20.
73   *ReP* 21.

Iglesia reconciliada y reconciliadora. Iglesia, sacramento unidad
del género humano

La reconciliación con los demás tiene su fuente en la Iglesia, familia de reconciliados. Si en la anterior reconciliación resaltaba especialmente la figura del hijo menor de la parábola, que se encuentra con su padre, en esta segunda, nos fijamos en el hijo mayor, que representa la familia humana dividida por egoísmos y hostilidades entre hermanos. La Iglesia tiene como misión «trabajar por la conversión de los corazones y por la reconciliación de los hombres con Dios y entre sí, dos realidades íntimamente unidas»[74].

En el primer párrafo de *Lumen Gentium* se recuerda que la Iglesia es el signo o sacramento e instrumento de la íntima unión con Dios y la unidad del género humano. Es un instrumento de la reconciliación plena. «La Iglesia es por su misma naturaleza siempre reconciliadora»[75] y ofrece el ministerio de reconciliación y la palabra de la reconciliación. Por los sacramentos y la predicación, la Iglesia está al servicio de esta reconciliación de la humanidad[76]. Los sacramentos son «instrumentos de conversión a Dios y de reconciliación de los hombres»[77]. Actúa con la eficacia de la gracia por medio de sus vías y los medios (en latín: *instrumenta*[78]).

Henri de Lubac recordaba los aspectos sociales del dogma, insistiendo en que la fe se da dentro del cuerpo de la Iglesia, tiene una dimensión comunitaria y una repercusión en la familia humana. La fe de la Iglesia es instrumento de unidad del género humano. Dios actúa para que todo concurra a la unidad, mientras que el pecado rompe esta

---

74 *ReP* 6.
75 *ReP* 8.
76 Cf. *ReP* 11.
77 *ReP* 11.
78 *ReP* 23.

unidad[79]. El desgarramiento interior va a la par con el desgarramiento social. La redención será el restablecimiento de la unidad perdida: del hombre con Dios y de los hombres entre sí[80]. También lo subrayaba Joseph Ratzinger en la época del Concilio Vaticano II, poniendo énfasis en la personalidad corporativa de la Iglesia[81]. No hay un creyente sin un "nosotros", y no hay un "nosotros" sin una reconciliación. En Adán ya estábamos todos presentes. Cristo es el segundo Adán, porque somos juntamente con él un hombre nuevo y único. La salvación ha sido considerada siempre una realidad comunitaria, no privada e individual. Como dice Benedicto XVI: «la redención se presenta precisamente como el restablecimiento de la unidad en la que nos encontramos de nuevo juntos en una unión que se refleja en la comunidad mundial de los creyentes»[82].

En el sacramento de la penitencia, se produce tanto la reconciliación con Dios como la reconciliación con la Iglesia, siendo un signo de la reconciliación con los prójimos, en apertura a la familia humana. Aquí se encuentra uno de los hilos esenciales de la eficacia sacramental: la caridad con Dios y el prójimo en la familia humana. La conversión a Dios conlleva la conversión al amor a los demás. Una vivencia del sacramento de la confesión sin estas claves lleva al ritualismo y la vaciedad[83].

Reconciliación superando el pelagianismo: conversión de las obras

La conversión es el primer movimiento de la caridad. Al igual que en el sacramento de la reconciliación comienza una vida nueva

---

79 Cf. H. De Lubac, *Catolicismo. Aspectos sociales del dogma* (Estela S.A., Barcelona 1963) 26. Cita a San Máximo el Confesor, *Q. ad Thalassium,* carta misiva (PG 90, 256): «Ahora nos desgarramos los unos a los otros como bestias salvajes».

80 Cf. ibid., 28.

81 Cf. J. Ratzinger, "Origen y naturaleza de la Iglesia", en: Id., *Obras completas VIII/1. Iglesia. Signo entre los pueblos* (BAC, Madrid 2015) 196.

82 Benedicto XVI, *Spe Salvi* 14.

83 Cf. A. Lizcano Ajenjo, *La confesión. Sacramento de la contrición* (Monte Carmelo, Burgos 2012).

conversiva hacia Dios y hacia los hermanos, en la Iglesia comienza el 121
diálogo de salvación. Solo la conversión genera la auténtica alegría[84]:

> La unidad debe ser el resultado de una verdadera conversión de
> todos, del perdón recíproco, del diálogo teológico y de las rela-
> ciones fraternas, de la oración, de la plena docilidad a la acción
> del Espíritu Santo, que es también *Espíritu de reconciliación*[85].

Es una aspiración amplia, pero no un sueño utópico. En esta
confianza se han apoyado los pontificados posteriores, desarrollando
esta fe y esperanza en la reconciliación. Más allá del neopelagianismo y
del neognosticismo, la Iglesia espera en la salvación de Dios. Es la esperanza de la Iglesia en la acción del Espíritu en los corazones convertidos
(cf. Benedicto XVI, *Spe Salvi*). Es la fuerza de la caridad, que permite el
desarrollo humano integral, más allá de estrategias y poderes humanos (cf. Benedicto XVI, *Caritas in Veritate*). Es la unidad de la familia
humana, más allá de instituciones de consenso y esfuerzos personales
(cf. Francisco, *Gaudete et Exultate*). Una familia humana donde todos
somos hermanos, hijos de un mismo Padre y nos une la amistad social
(cf. Francisco, *Fratelli tutti*).

Unidad de todos elementos desde la caridad-amistad

En la profundización teológica y patrística del sacramento penitencial durante el siglo XX ha quedado claro que la reconciliación con
Dios y con la Iglesia se produce en el mismo acto, porque el amigo de
Dios lo es de sus hijos. Esto se explica mejor desde la caridad, pues es el
don de la unidad. La caridad contiene en sí la unidad de la reconciliación
con la penitencia-conversión, la unidad de la penitencia-conversión con
la contrición.

---

84 Cf. J. Guiteras, *Conversión y penitencia: reconciliación* (Centre de pastoral litúrgica,
    Barcelona 1999) 63.
85 *ReP* 9.

RECONCILIATIO ET PAENITENTIA

En el Misterio Pascual se realiza la verdadera caridad, que unifica los sacramentos, la conversión y la acción del cristiano. Así, la entrega de Cristo lleva a plenitud la reconciliación con Dios y la acción reconciliadora de la Iglesia[86]:

> Venciendo con la muerte en la cruz el mal y el poder del pecado con su total obediencia de amor, Él ha traído a todos la salvación y se ha hecho "reconciliación" para todos. En Él Dios ha reconciliado al hombre consigo mismo[87].

En el Gólgota vemos la dimensión vertical de la reconciliación, que prevalece siempre sobre la dimensión horizontal de la reconciliación entre los hombres[88]. Todos hemos sido llamados a gozar de los frutos de esta reconciliación.

4.3. Reconciliación con uno mismo y con el mundo

El pecado es un acto suicida porque es un rechazo del origen y de quien le mantiene en la vida. Como dice el Papa:

> Puesto que con el pecado el hombre se niega a someterse a Dios, también su equilibrio interior se rompe y se desatan dentro de sí contradicciones y conflictos. Desgarrado de esta forma el hombre provoca casi inevitablemente una ruptura en sus relaciones con los otros hombres y con el mundo creado[89].

---

86 «Cristo es esa aguja que, dolorosamente atravesada en la pasión, cose después todo tras de sí, y repara de este modo la túnica rasgada antes por Adán, uniendo juntamente los dos pueblos". Hace referencia a Ef 2,16: "reconciliar con Dios a ambos en jun solo cuerpo, por medio de la cruz, dando en sí mismo muerte a la enemistad"», De Lubac, *Catolicismo*, 29:

87 *ReP* 10.

88 Cf. *ReP* 7.

89 *ReP* 15.

El pecado debilita la voluntad, oscurece la inteligencia.

Por lo tanto, es preciso una reconciliación consigo mismo para recuperar la verdad interior. Esta unificación interior se logra en el sacramento de la penitencia, en cuanto actualización y renovación del bautismo. El bautizado regresa a la condición de hijo de Dios, porque «está viviendo un acontecimiento de salvación, capaz de infundir un nuevo impulso de vida y una verdadera paz en el corazón»[90].

Esta reconciliación interior ha sido desarrollada posteriormente por Benedicto XVI en *Deus Caritas Est*[91], y por Francisco en *Lumen fidei*[92]. Frente a la fragmentación interna generada por el emotivismo y el utilitarismo[93], la fe y la caridad, generadas sacramentalmente, integran y unifican al propio hombre. El anhelo de unidad y unificación interior se resuelven con las virtudes teologales, don de Dios para el mundo.

La reconciliación con el mundo ha sido señalada por Benedicto XVI en Jesús de Nazaret[94] y desarrollada ampliamente por Francisco en sus documentos sobre la conversión ecológica (cf. Francisco, *Laudato Si'; Querida Amazonia; Laudate Deum*). En ellos señala que el paradigma tecnocrático dominante nos desliza hacia una división y enfrentamiento con el mundo, donde «el ser humano y las cosas han dejado de tenderse amigablemente la mano para pasar a estar enfrentados»[95]. Sin embargo, la teología de la creación nos conduce al bien común, unificador y reconciliador, y fuente de la solidaridad intergeneracional. «Todo está conectado. Por eso se requiere una preocupación por el ambiente unida

---

90 *ReP* 32.

91 «[el eros] necesita seguir un camino de ascesis, renuncia, purificación y recuperación», Benedicto XVI, *Deus Caritas est* 5.

92 «Hemos de contar también con el conflicto, pero experimentarlo debe llevarnos a resolverlo, a superarlo, transformándolo en un eslabón de una cadena, en un paso más hacia la unidad», Francisco, *Lumen fidei* 55.

93 Cf. J. M. Horcajo, *Emotivistas por dentro y utilitaristas por fuera* (Palabra, Madrid 2022).

94 «Donde el pecado es vencido, donde se establece la armonía del hombre con Dios, se produce la reconciliación de la creación», J. Ratzinger - Benedicto XVI, *Jesús de Nazaret*, 50.

95 Francisco, *Laudato Si'* 106.

al amor sincero hacia los seres humanos y a un constante compromiso ante los problemas de la sociedad»[96].

La reconciliación tan anhelada y difícil de conseguir, es un don y un reto para la Iglesia. Esta exhortación pastoral indica el rumbo de la Iglesia (la reconciliación con Dios y con la humanidad) y el contenido en la conversión y el sacramento de la penitencia.

---

96   Ibid., 91.

EL RITUAL DEL SACRAMENTO
DE LA RECONCILIACIÓN

Daniel Alberto Escobar Portillo

FACULTAD DE TEOLOGÍA

UESD

INTRODUCCIÓN

El objetivo de estas páginas es, sobre todo, presentar el sacramento de la penitencia desde su celebración, para, a partir de ahí, ofrecer las líneas teológicas fundamentales que marcarán, ya sea una espiritualidad del sacramento ya su práctica pastoral.

Si alguien quiere conocer cómo celebrar este sacramento, tiene ordinariamente dos formas de acceso: el ritual de la penitencia y el código de derecho canónico. De hecho, habitualmente cuando se consulta el modo de realizar alguna celebración litúrgica, la respuesta suele encontrarse en esas fuentes, redactadas a partir de un sentido teológico determinado y que posibilitan concretar la *actio* litúrgica.

Considero interesante enfocar el análisis del ritual desde algunos puntos teológicos que han sido abordados recientemente en dos pronunciamientos magisteriales: el primero es la carta apostólica *Desiderio*

Desideravi[1], publicada por Francisco en junio de 2022; el segundo es una carta de la Congregación para el Culto divino con motivo del año de la misericordia[2].

1. DON, MISERICORDIA Y ENCUENTRO CON CRISTO A PARTIR DE *DESIDERIO DESIDERAVI*

Desiderio Desideravi nace a partir de la inquietud del Papa por fomentar la formación litúrgica entre el clero y los fieles. Por su profundidad, claridad y teología puede considerarse el mejor resumen de los principios teológico-litúrgicos presentes en la constitución conciliar sobre liturgia *Sacrosanctum Concilium*. Su contenido no aborda de modo monográfico el sacramento de la reconciliación de los penitentes. Se enfoca a cualquier tipo de celebración cristiana, y si se detiene en algún aspecto determinado es en la celebración de la Eucaristía y en el modo de ejercer la presidencia de la comunidad reunida en asamblea litúrgica. Sin embargo, los primeros números ofrecen la clave de comprensión teológica de cualquier celebración litúrgica. Además, uno de los objetivos señalados del documento es fomentar la "participación activa, consciente y fructuosa" en las celebraciones, siguiendo la línea de SC 14 y de una inquietud anterior que se concretó especialmente en el llamado Movimiento Litúrgico y en varios pronunciamientos magisteriales desde principios del siglo XX. Así pues, todo intento de formación sobre un aspecto litúrgico va a repercutir en esta mejor participación, debido a que conocer lo que celebramos va a permitir valorar y cuidar mejor un sacramento determinado. Se trata, pues, de saber las líneas esenciales

---

1   FRANCISCO, *Carta apostólica "Desiderio Desideravi" sobre la formación litúrgica del pueblo de Dios* (29-6-2022).

2   CONGREGACIÓN PARA EL CULTO DIVINO Y LA DISCIPLINA DE LOS SACRAMENTOS, "Para redescubrir el ritual de la penitencia": *Notitiae* 51 (2015) 380-398.

que transmitimos al pueblo de Dios cuando se acerca a reconciliarse con Dios y con la Iglesia.

La posibilidad de celebrar en la Iglesia se concibe únicamente como un don. «La desproporción entre la inmensidad del don y la pequeñez de quien lo recibe es infinita y no puede dejar de sorprendernos» (DD 3). Este don se nos ha confiado solo por la misericordia de Dios (DD 3). Aunque este número se refiera a la celebración, ya lo podemos comprender cambiando "celebrar" por "perdón": la inmensidad del don —del perdón— y la pequeñez de quien —el penitente— lo recibe. Cualquier suplantación del término "don" por "derecho" no se corresponde con el sentido de la celebración cristiana. Ahora bien, como don, exige una respuesta y un cuidado, especialmente por parte de los pastores de la Iglesia, especialmente de los sucesores de los apóstoles, a quienes el Señor confió la celebración, y de quienes con ellos colaboran como ministros del sacramento. La celebración de la reconciliación forma parte, por lo tanto, del "don" otorgado por Dios a la Iglesia. A los sacerdotes, como colaboradores del obispo, se nos ha confiado la administración de este sacramento. No podemos «robar al pueblo de Dios lo que le pertenece» (cf. DD 23).

El paso siguiente para integrar este don es unirlo a la opción misionera que el Papa formula en *Evangelii Gaudium* 27, al señalar ese sueño misionero como un cauce adecuado para la evangelización del mundo actual.

Desiderio Desideravi 6 afirma algo que nos recordará a la parábola del Hijo Pródigo de Lc 15: «antes de nuestra respuesta a su invitación está su deseo de nosotros (...) Por nuestra parte, la respuesta posible (...) es la de entregarnos a su amor, la de dejarnos atraer por él».

Una de las categorías fundamentales para la comprensión del sacramento de la reconciliación desde el punto de vista ritual es la de "encuentro". En este sentido, la carta afirma lo siguiente:

Si hubiésemos llegado a Jerusalén después de Pentecostés y hubiéramos sentido el deseo no sólo de tener noticias sobre

Jesús de Nazaret, sino de volver a encontrarnos con Él, no habríamos tenido otra posibilidad que buscar a los suyos para escuchar sus palabras y ver sus gestos, más vivos que nunca. No habríamos tenido otra posibilidad de un verdadero encuentro con Él sino en la comunidad que celebra (DD 8).

Así pues, con palabras de la célebre sentencia de san León Magno, aquello que era visible de Jesús ha pasado a la celebración de los sacramentos. La celebración del sacramento de la penitencia no solo nos posibilita, sino que nos garantiza un verdadero encuentro con el Señor. Es ahí donde el Señor continúa perdonándonos, curándonos y salvándonos, del mismo modo que lo hace con el endemoniado de Cafarnaún, la pecadora perdonada o el buen ladrón (cf. DD 10 y 11).

El Movimiento Litúrgico puso también en el primer plano una serie de categorías, entre ellas la de *historia salutis* y la de "Misterio Pascual". A partir de aquí se preferirá hablar, no tanto de la eficacia del sacramento en sí, como algo autónomo, cuanto de la eficacia del Misterio Pascual con el cual nosotros nos encontramos.

La reconciliación de los penitentes supone un encuentro con Cristo, con su Misterio Pascual y con su Cuerpo, que es la Iglesia. Con todo, este encuentro no se puede entender sin el primer encuentro que tenemos con la Pascua de Jesús y que nos marca para siempre: nuestro bautismo. Merece la pena incidir en un aspecto a menudo mal comprendido. El bautismo no es una adhesión mental al pensamiento de Cristo o la sumisión a un código de comportamiento: es la inmersión en su pasión, muerte, resurrección y ascensión. No es tampoco un gesto mágico, sino que, gracias a la presencia y acción del Espíritu Santo, podemos morir y resucitar en Cristo (cf. DD 12).

Cuando con frecuencia en la historia se ha denominado a la reconciliación "segundo bautismo", no ha sido únicamente pensando en el perdón de los pecados, sino en la restauración de una comunión con Cristo y con la Iglesia, que se nos ofreció por primera vez el día de nuestro bautismo.

Toda la economía sacramental está penetrada por la misericordia divina, comenzando por el bautismo para el perdón de los pecados. La obra reconciliadora de Dios se ofrece y manifiesta continuamente en el sacramento de la penitencia. Por eso, en la bula de convocatoria del Jubileo *Misericordiae Vultus*[3], el Papa pidió que pongamos de nuevo en el centro «el sacramento de la Reconciliación, porque nos permite experimentar en carne propia la grandeza de la misericordia» (*MV* 17).

Existe una dinámica en el sacramento que debemos considerar: la de anuncio, celebración y vida. Hay un riesgo, y tenemos que cuidar de que no sea así, de vivir la celebración como una acción desgajada del anuncio de esa misericordia o de una vida según lo que hemos recibido. Aunque siempre se presupone la mejor intención en el modo de celebrar el sacramento, determinadas prácticas pueden oscurecer esta realidad.

Si celebrar la misericordia de Dios ayuda al hombre a ponerse ante su propia conciencia y reconocerse necesitado de ser reconciliado con el Padre, que con paciencia sabe esperar al pecador, reconocer los propios pecados y arrepentirse no es una humillación; al contrario, es volver a descubrir el verdadero rostro de Dios, abandonándose confiadamente a su designio de amor y, al mismo tiempo, redescubrir el verdadero rostro del hombre, creado a imagen y semejanza de Dios. El fruto más hermoso de la misericordia que se experimenta en el sacramento de la Penitencia es volver a descubrir a Aquél que es el origen y el fin de la propia vida.

2. CONTRICIÓN Y CONVERSIÓN A PARTIR DEL *ORDO PAENITENTIAE* (1973)

Es oportuno captar el valor pedagógico y retomar este libro litúrgico, releer los *Praenotanda*, acercarse a sus textos y gestos, asimilar las actitudes sugeridas y comprender el modo en que la Iglesia dispensa la misericordia de Dios a través de los ritos y oraciones. Debemos formar-

---

3 FRANCISCO, *Bula de convocatoria del jubileo extraordinario de la Misericordia* (11-4-2015): *AAS* 107 (2015) 399-420.

nos en la liturgia desde la misma liturgia. Nunca se puede replantear el modo de celebrar un sacramento sin antes habernos acercado a la introducción de un ritual.

Sacrosanctum Concilium no concretó cómo debía realizarse la reforma litúrgica en lo concerniente a la Reconciliación, salvo cuando pide que se revise el rito y las fórmulas «de manera que expresen más claramente la naturaleza y el efecto del sacramento» (SC 72). Sin embargo, 50 años después de la promulgación del *Ordo* nos damos cuenta de que algunas cuestiones celebrativas siguen frecuentemente ignoradas, quizá porque se consideran inoportunas o superfluas. Algunas de ellas, aunque no afectan a la validez del sacramento, constituyen una riqueza para una celebración en la que se actualiza aquella plena, consciente y activa participación, a la que más arriba nos hemos referido.

2.1. Pérdida del sentido de pecado y conversión del corazón

Es patente que desde hace ya muchos años existe una creciente desafección de los fieles y sacerdotes hacia el sacramento de la Reconciliación. San Pablo VI vio entre las causas una pérdida del sentido de pecado, más allá de un genérico "reconocerse pecadores". Pero también, años antes, Pío XII, señaló que «el mundo moderno ha perdido el sentido del pecado"; es decir, la ruptura de la relación con Dios, causada por el pecado».

2.2. Conversión del corazón

Para recuperar el valor del Ritual de la Penitencia sería necesario apreciar algunos elementos de la teología del sacramento, tal como pueden ser leídos en sus *Praenotanda*. «El pecado es una ofensa a Dios, que rompe nuestra amistad con él, la finalidad última de la penitencia consiste en lograr que amemos intensamente a Dios y nos consagremos a él» (RP 5). Por otra parte, el pecado de uno perjudica a todos; «por ello la penitencia lleva consigo siempre una reconciliación con los hermanos»

(RP 5), con una dimensión eclesial que siempre es preciso recordar. No se puede olvidar que la experiencia sacramental exige, ante todo, la acogida de la invitación precisa con la que Jesús inició su ministerio: «Se ha cumplido el tiempo y está cerca el reino de Dios. Convertíos y creed en el Evangelio» (Mc 1,15).

Trento enumeraba cuatro actos de la penitencia: tres actos del penitente (contrición, confesión, satisfacción) y la absolución dada por el ministro, y consideraba esta última la parte más importante del sacramento. El Ritual de la Penitencia retoma la doctrina de Trento, pero resaltará en particular los actos del penitente, entre los cuales el primero y más relevante es la contrición o «la íntima conversión del corazón» (RP 6). El hijo pródigo es un ejemplo de todo esto, cuando, con corazón contrito y arrepentido, decide volver a la casa paterna. La *metanoia* es la condición para acceder al Reino. En ausencia de la conversión-*metanoia*, disminuyen para el penitente los frutos del sacramento, porque «de esta contrición del corazón depende la verdad de la penitencia» (RP 6). Debe advertirse que los *Praenotanda*, incluso citando el texto tridentino que entiende la contrición como dolor del alma y reprobación del pecado cometido, interpreta la contrición en el sentido más rico y bíblico de conversión del corazón: «La conversión debe penetrar en lo más íntimo del hombre para que le ilumine cada día más plenamente y lo vaya conformando cada vez más a Cristo» (RP 6).

La conversión del corazón no es solo el elemento principal, es también el que unifica entre sí todos los actos del penitente constitutivos del sacramento, dado que cada elemento es definido en orden a la conversión del corazón: «Esta íntima conversión del corazón, que incluye la contrición del pecado y el propósito de una vida nueva, se expresa por la confesión hecha a la Iglesia, por la adecuada satisfacción y por el cambio de vida» (RP 6). La conversión del corazón no hay que entenderla como un acto único, en sí mismo, cumplido una vez para siempre, sino como un decidido alejamiento del pecado para emprender un camino progresivo y continuo de adhesión a Cristo y de amistad con él. Los diversos elementos del Ritual de la Penitencia son, por decir de algún modo, la expresión de varios momentos o etapas de un camino que no acaba en el momento de la celebración del sacramento, sino que conforma toda la vida del penitente. Esto es especialmente necesario tenerlo en cuenta y explicarlo a las personas que se acercan a la reconciliación pensando que su vida va a cambiar repentinamente porque se hayan acercado a confesar, considerando una inmediatez en los efectos. Es esencial, por lo tanto, buscar un equilibrio entre quienes se confiesan con un cierto automatismo, donde el sacramento parece una especie de lavado superficial y quienes recelan de acercarse al sacramento por considerar que nunca están preparados o creen que la conversión depende exclusivamente de su propio empeño. Son situaciones que todos nos encontramos y tenemos que valorar, siempre animando al penitente en el sentido en el que lo necesite.

En este contexto, conviene valorar las celebraciones penitenciales no sacramentales, prácticamente inexistentes en nuestras parroquias. El artículo publicado en 2015 por la congregación para el culto divino indicaba que «es necesario dar la máxima relevancia a tales celebraciones que, como leemos en los *Praenotanda* "son reuniones del pueblo de Dios para oír la palabra de Dios, por la cual se invita a la conversión y a la renovación de vida, y se proclama, además, nuestra liberación del pecado por la muerte y resurrección de Cristo" (RP 36)». Escuchar la Palabra de Dios, el amor de Dios, provoca que respondamos con amor al amor misericordioso de Dios.

2.3. EL MINISTRO DEL SACRAMENTO

Según *Misericordiae vultus* 17, el ministro debe ser «verdadero signo de la misericordia del Padre». Para ello, lo primero que debe hacer es experimentar en el sacramento la alegría del perdón, haciéndose penitente.

Tradicionalmente son cuatro las funciones que se asignan al sacerdote en la celebración del sacramento: doctor y juez —para indicar la objetividad de la ley—, pero también padre y médico —para significar la caridad pastoral hacia el penitente. También el Ritual de la Penitencia habla del confesor como juez y médico, cuando dice: «Para que el confesor pueda cumplir su ministerio con rectitud y fidelidad, aprenda a conocer las enfermedades de las almas y a aportarles los remedios adecuados; procure ejercitar sabiamente la función de juez» (RP 10). Más adelante se subraya que el confesor «cumple su función paternal, revelando el corazón del Padre a los hombres y reproduciendo la imagen de Cristo Pastor» (RP 10). El confesor es testigo de la misericordia de Dios hacia el pecador arrepentido. En el Antiguo Testamento, la misericordia es el sentimiento compasivo y también materno de Dios por sus criaturas, a pesar de su infidelidad (cf. *Éx* 34,6; *Sal* 51,3; *Sal* 130; *Jer* 12,15; 30,18). En el Nuevo Testamento, Jesús es presentado como el «sumo sacerdote misericordioso y fiel en lo que a Dios se refiere, para expiar los pecados del pueblo» (Cf. *Heb* 2,17).

El *Catecismo de la Iglesia Católica* resume muy bien todas estas tareas del confesor:

> Cuando celebra el sacramento de la Penitencia, el sacerdote ejerce el ministerio del Buen Pastor que busca la oveja perdida, el del Buen Samaritano que cura las heridas, del Padre que espera al hijo pródigo y lo acoge a su vuelta, del justo Juez que no hace acepción de personas y cuyo juicio es a la vez justo y misericordioso. En una palabra, el sacerdote es el signo y el instrumento del amor misericordioso de Dios con el pecador (CCE 1465).

¿Qué hacer, entonces, para ser signo e instrumento del amor misericordioso de Dios? No depende todo de nosotros, ya que las mismas fórmulas y los gestos rituales de la celebración del sacramento denotan la presencia misericordiosa del Padre, el don del Hijo, que se entrega, el amor purificante y sanador del Espíritu Santo. El confesor debe ser la expresión y el medio humano de este amor, que por medio de él se difunde en el penitente y lo conduce nuevamente a la vida, a la esperanza, a la alegría.

Todas estas reflexiones se realizan de modo concreto en la misma celebración del sacramento, que *per ritus et preces* promueve entre ministros y penitentes una experiencia de la misericordia de Dios.

3. Una mistagogía del Ritual de la Penitencia

Ante todo, no solo debemos pensar en el "Rito para reconciliar a un solo penitente" (capítulo I), sino también en el "Rito para reconciliar a varios penitentes con confesión y absolución individual" (capítulo II), donde queda manifiesta más claramente la dimensión eclesial del sacramento. En efecto, la naturaleza profundamente personal del sacramento de la penitencia se asocia estrechamente a la eclesial, siendo un acto que reconcilia con Dios y con la Iglesia (cf. CCE 1468-1469). Desde este punto de vista, los *Praenotanda* indican que «la celebración común manifiesta más claramente la naturaleza eclesial de la penitencia» (RP 22). Según la enseñanza conciliar, «las acciones litúrgicas no son acciones privadas, sino celebraciones de la Iglesia [...]. Por eso pertenecen a todo el cuerpo de la Iglesia, influyen en él y lo manifiestan» (SC 26). Por esto mismo, debemos subrayar, primero, que estamos ante una verdadera celebración litúrgica, que no debe confundirse con una charla o coloquio espiritual. Asimismo, se debe huir de cualquier elemento que subraye en exceso la privacidad, como un lugar oculto o una deficiente iluminación de la sede penitencial.

El orden ritual que encontramos en este capítulo segundo del *Ritual de la Penitencia* ayuda a poner de relieve dos aspectos importantes de la naturaleza eclesial de su celebración. Sobre todo, la escucha de la Palabra de Dios, que asume la estructura de una Liturgia de la Palabra, por tanto, de un verdadero y propio acto de culto (cf. SC 56). Aquí el anuncio evangélico de la misericordia y la llamada a la conversión resuenan en una asamblea en la cual «los fieles oyen juntos la Palabra de

Dios, la cual, al proclamar la misericordia divina, les invita a la conversión; juntos, también examinan su vida a la luz de la misma Palabra de Dios y se ayudan mutuamente con la oración» (RP 22).

Si la escucha habitual de la Palabra y el recíproco apoyo de la oración son importantes, no lo son menos la alabanza y la acción de gracias común con las que se concluye el rito (cf. RP 29). Así, «después de que cada uno ha confesado sus pecados y recibido la absolución, todos a la vez alaban a Dios por las maravillas que ha realizado en favor del pueblo que adquirió para sí con la sangre de su Hijo» (RP 22).

Estas breves alusiones al capítulo II del Ritual de la Penitencia descubren la dinámica social y personal tanto del pecado como de la conversión. La dimensión eclesial y personal se funden, de modo particular, en este sacramento, poniendo de relieve que la penitencia, por tanto, no se puede entender como puramente interna y privada. Precisamente porque es un acto personal, tiene también una dimensión social. Este punto de vista es también de importancia para la fundamentación del carácter eclesial y sacramental de la penitencia.

Vamos ahora a recorrer varios elementos rituales del capítulo I "Rito para reconciliar a un solo penitente" para cuidar la comprensión del sacramento y ser más conscientes de cómo en los actos del penitente y del sacerdote se hace presente el Señor y se comunica la gracia del perdón.

3.1. ACOGIDA DEL PENITENTE

La rúbrica 83 del Ritual indica cómo debe ser escuchado el penitente: «El sacerdote acoge con bondad al penitente y le saluda con palabras de afecto». Esta es la apertura que introduce en la acción ritual. El ministro del sacramento, representante de Cristo, debe actuar de tal manera que este momento inicial sea vivido por el penitente del modo más fácil y confiado posible. Todos sabemos lo difícil que puede ser acercarse a la confesión. Cuando se consigue dar el primer paso, ya está actuando la gracia. Por eso, el sacerdote ha de acoger a quien acude a él con la misma actitud del padre del hijo pródigo, que corre al encuentro de su hijo arrepentido en cuanto lo ve de lejos. Los sacerdotes deben prepararse para desempeñar este ministerio, conscientes de representar a Cristo que, en la parábola, nos descubre el rostro del Padre celestial que hace fiesta y se alegra por el que retorna a él (cf. *Lc* 15,11-32). El inicio del Ritual de la Penitencia nos ayuda a comprender que Dios Padre celebra una fiesta —Jubileo— cada vez que un pecador viene a este sacramento: «Os digo que así también habrá más alegría en el cielo por un solo pecador que se convierta que por noventa y nueve justos que no necesitan convertirse» (*Lc* 15,7).

Después de haber sido acogido, el penitente hace la señal de la cruz diciendo: «En el nombre del Padre y del Hijo y del Espíritu Santo» (RP 84). Es un acto de fe distintivo del cristiano. Esta apertura es importante por una razón tanto práctica como teológica. Este signo ritual tan familiar, unido a las palabras, subraya el momento en el que inicia verdaderamente la liturgia. También al final del rito, en la absolución penitencial, estará presente el signo de la cruz. La fórmula trinitaria además de recordar el Bautismo, en el que hemos renacido a la vida divina, nos orienta hacia la celebración de la Eucaristía, que conserva, incrementa y renueva la vida de gracia en nosotros.

Este momento ritual prepara progresivamente lo que sigue. El sacerdote no debe decir simplemente al penitente: "Ahora dime tus pecados". Por el contrario, sus palabras de acogida deberían establecer inmediatamente una atmósfera de profunda seriedad y al mismo tiempo suscitar la confianza en Dios. El sacerdote dice: «Dios, que ha iluminado nuestros corazones, te conceda un verdadero conocimiento de tus pecados y de su misericordia» (RP 84). Los parágrafos 85-86 del Ritual presentan fórmulas alternativas para el inicio del rito, ricas en resonancias bíblicas y teología.

Aunque la Sagrada Escritura resuena ya en las diferentes fórmulas de invitación a la confesión de los pecados, el rito continúa con la escucha de la Palabra de Dios. A pesar de que en el Ritual esto sea *ad libitum*, solo debería omitirse en caso de verdadero impedimento. En la estructura del Ritual de la Penitencia, la proclamación de la Palabra de Dios aparece como un momento importante de la celebración (cf. RP 17). Los versículos escriturísticos que se ofrecen están caracterizados por expresiones que anuncian la misericordia de Dios e invitan a la conversión (cf. RP 87). El Ritual sugiere doce citas bíblicas (cf. RP 88-93) y otras lecturas alternativas (cf. RP 160-165), pero se puede recurrir también a otros textos de la Sagrada Escritura que el sacerdote o el penitente consideren oportunos.

En la forma ritual, la precedencia dada a la escucha de la Palabra de Dios reclama el hecho de que cuanto viene proclamado se cumple, aquí y ahora, en la celebración. Lo que se anuncia es experimentado por el penitente con absoluta novedad y frescura, porque la Palabra resuena enriquecida con un significado nuevo, gracias al momento sacramental que vive con fe. El Concilio ha buscado la reintegración de la Palabra de Dios en la celebración litúrgica (cf. SC 6, 35, 52, 56). No se busca tanto aumentar el número de textos escriturísticos que se leerán en la celebración, cuanto considerar la Palabra como un elemento constitutivo de la liturgia.

3.3. Confesión de los pecados y aceptación de la satisfacción

Merecen ser subrayados algunos elementos sobre el valor ritual de la confesión y la forma que asume. A diferencia de otros momentos, aquí no se indican textos ni palabras para ser dichos, sino que el penitente es llamado a confesar los propios pecados. Lo que ha precedido ritualmente, sobre todo la proclamación de la Palabra de Dios, muestra que la confesión de los pecados no surge solo por iniciativa del penitente.

En realidad, se fundamenta en la gracia de haber escuchado la palabra de Dios, dando como resultado el sentirse animado al arrepentimiento y a la contrición.

En este instante solamente aparecen rúbricas, redactadas con sumo cuidado, para expresar su profundo significado teológico. No se trata simplemente, por parte del penitente, de pronunciar en voz alta un elenco de pecados en el vacío, como si nadie estuviera presente. Se confiesa delante del sacerdote. Al sacerdote, por su parte, se le pide entrar en profunda relación con quien se confiesa: «El sacerdote ayuda al penitente a hacer una confesión íntegra, le da los consejos oportunos» (RP 94). Este paso constante del penitente al sacerdote, no es más que la forma ritual que hace posible el encuentro del penitente con Cristo a través del sacerdote. Por eso el confesor es invitado a ayudar al penitente a comprender el sentido profundo de este encuentro: «Lo exhorta a la contrición de sus culpas, recordándole que el cristiano por el sacramento de la penitencia, muriendo y resucitando con Cristo, es renovado en el misterio pascual» (*RP* 94). Es un elemento teológico esencial para comprender correctamente el sacramento. Todo lo que sucede en él se fundamenta en el Misterio Pascual. El penitente es renovado según el modelo original del bautismo, donde muere con Cristo al pecado y resucita con él a la vida nueva.

Después de confesar los pecados el penitente, el sacerdote «le propone una obra de penitencia que el fiel acepta para satisfacción por sus pecados y para enmienda de su vida» (RP 94). De este modo, la rúbrica subraya de nuevo el significado del profundo encuentro e intercambio que se produce entre sacerdote y penitente. En lo que hace, el sacerdote es invitado a acomodarse en todo a la condición del penitente, tanto en el lenguaje como en los consejos que le dé. El penitente encuentra, aquí y ahora, a Cristo crucificado que perdona y que muestra también el camino para la enmienda y un nuevo estilo de vida.

El sacerdote continúa su diálogo con el penitente invitándolo «a que manifieste su contrición» con una oración (RP 95). Esto pone, de nuevo, en primer plano, la dimensión litúrgica del sacramento. El rito reclama manifestar claramente la contrición en forma de oración, ofreciendo una vasta posibilidad de fórmulas. El ritual ofrece siete posibles oraciones (cf. RP 95-101). Aunque, como para las perícopas bíblicas, solo se usa una en cada celebración, meditar todos y cada uno de los textos propuestos puede ayudar a vislumbrar las múltiples caras del sacramento. La meditación ayudará a las personas a prepararse para la confesión y para pronunciar, de corazón, tales palabras durante la celebración sacramental.

La fórmula indicada en el RP 101 es una tradicional oración que muchos conocen como "Acto de dolor". Ha superado el paso de los siglos y quizás no tiene necesidad de comentario. Quien ora suplica: *per merita passionis Salvatoris nostri Iesu Christi, Domine, miserere*. La Misericordia que celebramos se fundamenta en los méritos de la Pasión de Jesucristo.

Las demás opciones propuestas (cf. RP 95-100) están claramente inspiradas en la Sagrada Escritura. En efecto, dos de ellas (RP 96,97) ponen directamente en los labios del penitente algunos versículos de los salmos: «Recuerda, Señor, que tu ternura y tu misericordia son eternas…»; o bien: «Lava del todo mi delito, Señor…». Como respuesta a la invitación del sacerdote para manifestar la propia contrición, el penitente pronuncia las mismas palabras usadas durante milenios por Israel y la Iglesia. Orando hoy con tales fórmulas, los penitentes experimentan que su historia de pecado y el perdón de Dios forman parte del gran drama narrado en las páginas de la Biblia. La realidad del pecado y del perdón continúa ahora en nuestra existencia, y las mismas oraciones suscitadas por el Espíritu Santo iluminan perfectamente este momento.

Lo mismo se puede decir de la oración que pone en los labios del penitente las palabras que el hijo pródigo dirige al padre nada más llegar a casa: «Padre, he pecado contra ti, ya no merezco llamarme hijo tuyo. Ten compasión de este pecador» (RP 98). Alentados por la parábola a no tener miedo y animados a la contrición, los penitentes manifiestan la conversión del corazón pronunciando las palabras del hijo, que retorna con fe a la casa paterna.

Otra fórmula de especial valor es una plegaria dirigida a cada Persona de la Trinidad, con imágenes tomadas del Nuevo Testamento, de tal forma que los penitentes puedan reconocerse en ellas (cf. RP 95). Esta oración se dirige sobre todo al «Padre lleno de clemencia» y utiliza nuevamente las palabras del hijo pródigo, introducidas por una explícita referencia a la parábola: «...como el hijo pródigo...». Después se dirige a «Cristo Jesús, Salvador del mundo», y el penitente invoca que le suceda ahora a él lo mismo que le sucedió al buen ladrón, cuando se le abrieron las puertas del paraíso, mientras Jesús moría. El penitente hace suyas las mismas palabras del malhechor arrepentido: «Acuérdate de mí, Señor, en tu reino». La última invocación se dirige al Espíritu Santo, denominado «fuente de amor». El penitente pide al Espíritu Santo «purifícame, y haz que camine como hijo de la luz».

El Ritual ofrece al penitente también otras fórmulas que ahora no comentamos. Sin embargo, es deseable que sean más conocidas y usadas. Con ellas aprendemos a orar con las mismas palabras e imágenes de la Escritura, expresando nuestra contrición y pidiendo perdón. Con ellas aprendemos que también nosotros estamos implicados en los admirables acontecimientos de misericordia narrados en la Biblia. Como el publicano, alabado por Jesús en la parábola, también nosotros nos golpeamos el pecho y oramos: «Jesús, Hijo de Dios, apiádate de mí, que soy un pecador» (RP 100, inspirado en *Lc* 18,13).

3.5. ABSOLUCIÓN

En el *Ritual de la Penitencia*, la oración del penitente y la absolución del sacerdote figuran bajo un único título. Las hemos diferenciado para facilitar un comentario, sin olvidar que es importante captar su profundo vínculo. En la oración a Dios, el penitente expresa la contrición y pide misericordia. La inmediata respuesta a esta súplica se da rápidamente por parte de Dios, a través del ministerio del sacerdote.

La atmósfera litúrgica se intensifica. El sacerdote extiende las manos sobre la cabeza del penitente y comienza a pronunciar las palabras. Este gesto debe ser realizado con la misma atención e intensidad que cualquier otro gesto similar de una acción litúrgica. El penitente ha de ser capaz de percibir, a través del cambio de postura corporal y del gesto del sacerdote, que se va a realizar un acto sacramental solemne. Las manos extendidas indican que la misericordia de Dios —invisible, pero inmensamente poderosa y presente— va a irrumpir sobre el penitente arrepentido.

También las palabras pronunciadas por el sacerdote para la absolución merecen una justa atención. Aunque son breves, tienen un gran valor teológico y confirman el significado central de este sacramento. El Ritual de la Penitencia expone claramente los elementos teológicos esenciales de la fórmula (cf. RP 19). Ante todo, se señala la evidente estructura trinitaria. La reconciliación, otorgada en este sacramento, viene de Dios, llamado «Padre misericordioso», y expresa lo que ya ha realizado: «Dios, Padre misericordioso, que reconcilió consigo al mundo». Tal reconciliación se ha realizado «por la muerte y la resurrección de su Hijo», que la fórmula pone en relación inmediata con la efusión del «Espíritu Santo para la remisión de los pecados». En esta primera parte de la fórmula se encuentra la *anámnesis* litúrgica, es decir, se recuerda, proclama y anuncia la muerte y resurrección de Jesús. La *anámnesis* se expresa en términos trinitarios y con un lenguaje que indica inmediatamente la importancia de este solemne acto de Dios que ahora se va a realizar en favor del penitente. Dios ha reconciliado consigo al mundo y ha infundido sobre nosotros el Espíritu Santo para la remisión de los pecados.

La fórmula continúa en el tiempo de presente y el sacerdote se dirige directamente al penitente. Este paso del pasado al presente indica que el gran acontecimiento obrado por Dios en el Misterio Pascual se derrama, con todos sus frutos, sobre este penitente concreto, aquí y ahora, por medio de las palabras del sacerdote. Al mismo tiempo, la fórmula explicita que cuanto está realizando Dios adquiere una fuerte dimensión eclesial «ya que la reconciliación con Dios se pide y se otorga por el ministerio de la Iglesia» (RP 19).

Dirigiéndose al penitente el sacerdote dice, ante todo, Dios «te conceda el perdón y la paz». Es un lenguaje que se caracteriza por ser una invocación o bendición; el verbo está en subjuntivo con valor exhortativo (*tribuat*), característico de muchas invocaciones y bendiciones de la Iglesia, siempre eficaces. Después cambia el estilo del lenguaje y el sacerdote continúa pronunciando lo que el Ritual llama la «parte esencial» (RP 19). Dirigiéndose directamente al penitente y haciendo la señal de la cruz, dice: «Yo te absuelvo de tus pecados, en el nombre del Padre, y del Hijo, y del Espíritu Santo». Con las palabras: «Yo te absuelvo», el sacerdote manifiesta que actúa *in persona Christi*.

A través de los gestos y de las palabras del sacerdote, en virtud del poder dado por Cristo a la Iglesia para perdonar pecados (cf. *Jn* 20,23), el pecador es devuelto a la inocencia original del bautismo. El penitente ve cumplido, de este modo, su deseo de un encuentro personal y profundo con Cristo crucificado y dispuesto al perdón. El Señor ha venido y se ha encontrado con ese pecador, en ese momento clave de su vida, marcado por la conversión y el perdón.

3.6. ACCIÓN DE GRACIAS Y DESPEDIDA DEL PENITENTE

Las leyes del lenguaje ritual imponen que un momento tan intenso y rico, como es la absolución, necesita un epílogo. Sería raro salir de un ámbito tan espiritual como éste para volver a la vida de cada día sin un momento de tránsito. Con todo, a veces, sin respetar el evidente sentido litúrgico, la celebración sacramental puede terminar de forma precipitada: «Hemos terminado, vete en paz». El Ritual de la Penitencia dice con claridad lo que se ha de hacer: «El penitente proclama la misericordia de Dios y le da gracias con una breve aclamación tomada de la Sagrada Escritura; después el sacerdote lo despide en la paz del Señor» (RP 20).

Esta sobria ritualidad se encuentra en RP 103. Sacerdote y penitente no dicen palabras suyas, sino expresiones tomadas de la Escritura. Citando las palabras inspiradas en el Salmo 118,1, el sacerdote exclama: «Dad gracias al Señor, porque es bueno». El penitente concluye con el versículo siguiente del mismo Salmo: «Porque es eterna su misericordia» (también *Sal* 136,1).

Toda liturgia de la Iglesia termina enviando al mundo a cuantos han participado en ella, llenos de renovada fuerza divina, destinada a vivificar la humanidad. La despedida no es otra cosa que la forma ritual del envío de Cristo mismo: «Como el Padre me ha enviado, así también os envío yo», dice el Señor Resucitado a sus discípulos (cf. *Jn* 20,21). Esto es lo que se hace en el Ritual de la Penitencia con fórmulas concisas: «El Señor ha perdonado tus pecados. Vete en paz», o bien: «Vete en paz y anuncia a los hombres las maravillas de Dios, que te ha salvado».

CONCLUSIONES

Las líneas marcadas por el Ritual de la Penitencia, iluminado a partir de la carta apostólica *Desiderio Desideravi* y del artículo de la Congregación para el Culto Divino señalado, nos han permitido extraer varias conclusiones.

En primer lugar, estamos ante una verdadera celebración litúrgica, que ha de comprenderse como verdadero don que Dios hace a su Iglesia, y que es acogido por todos los cristianos como un auténtico encuentro con el Señor misericordioso. Este sacramento continúa con la dinámica iniciada a partir de nuestro bautismo: somos introducidos en el Misterio Pascual de Cristo y la eficacia del sacramento brota de este Misterio, en el cual participamos.

En segundo lugar, hemos destacado algunos elementos que ayudan a visibilizar la riqueza teológico-litúrgica del sacramento, a partir de su propia estructura celebrativa. Merece poner especial atención en todos aquellos aspectos que combinan el subrayado de los elementos rituales y oracionales del sacramento, sin que esto sea un impedimento para una verdadera acogida y trato con el penitente.

Por último, hemos subrayado una tarea pendiente: la mayor atención a la Palabra de Dios, como elemento ritual fundamental para dejar que sea Dios el que ilumina nuestro corazón para moverlo a una verdadera y fructuosa conversión.

Madre Prado González Heras OSA

PRESIDENTA FEDERAL

FEDERACIÓN DE LA CONVERSIÓN DE SAN AGUSTÍN

¿Cómo explicar una llamada dentro de la llamada, distinguir la una de la otra, discernir la diferencia y, sobre todo, sentirla irrenunciable, inaplazable? ¿Cómo describir ese "río que nos lleva" que es el Espíritu en nuestra vida, torrente impetuoso al que no se le resisten los diques que pongamos?

Iniciamos nuestro camino espiritual y religioso cuatro hermanas agustinas el 6 de septiembre de 1999. En el año 2000 éramos siete. Ese mismo año tuvimos el reconocimiento de nuestra Orden de San Agustín y de la Santa Sede. Era tiempo de comenzar. El discernimiento que yo llevaba haciendo durante varios años, lo volví a hacer con ellas, para caminar al mismo paso. Los primeros pasos, tiempo duro pero profundamente abierto al Espíritu.

La Comunidad de la Conversión, y todo lo que ha nacido de ella, es el humilde comienzo de una experiencia "siempre antigua y siempre nueva" dentro de nuestra Orden, dentro de la fidelidad creativa y de la fidelidad a una tradición que nos hace andar, seguras y confiadas, por el camino emprendido. Con mucha humildad, pues sabemos que el camino es largo, deseamos vivir una vida profundamente humana, evangélica, eclesial, totalmente empeñada en la búsqueda de Dios, en el Amor a Cristo, a su Palabra y a la Iglesia; una vida que logre transparentar la Belleza, el Amor, la Verdad y la Unidad de Dios, nuestra única posesión común, al mundo de hoy.

1. LA DISTANCIA INFINITA

Cuando era niña no conseguía explicarme por qué las montañas a lo lejos eran azuladas cuando de cerca eran verdosas. La pregunta infantil e ingenua tuvo la respuesta escueta de mi padre: son la distancia y la atmósfera las que transforman los colores.

Desde que tengo uso de razón, la distancia entre los seres humanos y la atmósfera que genera, reveladora de desapegos, de conflictos relacionales, de indiferencias, de rencillas arcanas, de odios, de abandonos, de separaciones, se me hizo muy visible y presente, y me impulsaba, sin saber por qué, a acercarme para comprender o para acortar lejanías, si era posible[1]. La distancia relacional es el fracaso de aquella bonhomía que cuida de lo creado y lo hace ser.

Pero, la distancia que más me ha dolido ha sido la existente entre el hombre y Dios, el alejamiento por la causa que fuera, por ignorancia, por rebelión, por indiferencia, por comodidad, por pobreza, por pecado, por la falta de fe, por desesperanza… Desde mi adolescencia me interesé por esta distancia relacional, sobre todo a través de la observación de las personas más cercanas, del mundo de los adultos, de las historias que escuchaba a veces a *sottovoce*. La lectura incansable, sin intermitencias ni treguas, y mis estudios universitarios me llevaron a interesarme por el hombre, asediado por el mal, por sus dificultades y conflictos, y, es-

---

1   Cf. R. GUARDINI, *L'opposizione polare, Saggio per una teoria del concreto vivente*, a cura di G. Sommavilla (Fratelli Fabri, Milano 1964); J.-L. MARION, *El ídolo y la distancia. Cinco estudios* (Sígueme, Salamanca 1999).

pecíficamente, atrajo todo mi interés el ateísmo, la increencia, el olvido de Dios y las consecuencias que eso traía consigo[2].

Además, entré en el Monasterio no solo con esta herida de la distancia entre Dios y el hombre y de los hombres entre sí, sino también con la herida de la separación entre los cristianos y de la misma división en la propia Iglesia. El ecumenismo lo había conocido gracias al Movimiento al que pertenecí durante mi adolescencia y juventud y había sumado a mi vocación por la unidad y el acercamiento.

Así fue naciendo en mí una llamada vocacional a encontrar un camino de acceso, un puente que conectase las dos orillas, la tensión humana y espiritual, a provocar un encuentro, sobre todo, en aquellos conflictos más hirientes y más hacedores de enemistades y distancias eternas.

2. DE LA CONVERSIÓN A LA COMUNIÓN

Ese germen se ha ido desarrollando y concretando a lo largo de los años. De eso quiero hablaros hoy. ¿Por qué el Espíritu nos señaló esta urgente vocación y por qué caminos debíamos transitar? El itinerario carismático de nuestra comunidad recoge dos pasos radicales y dos intermedios: de la conversión a la comunión se llega a través de la misericordia (y la compasión) y de la reconciliación (y el perdón) porque no habrá verdadera comunión si no se recorren estas vías francas.

2.1. CONVERSIÓN

Cuando éramos apenas cuatro hermanas, viviendo en una pequeña casita en el norte de Palencia, al preguntarme sobre el nombre

---

2   Se trata de distancias o lejanías que conducen a oposiciones polares, contraposiciones de dos polos en tensión y rechazo. Cf. PAPA FRANCESCO, *Ritorniamo a sognare. La strada verso un futuro migliore* (Gedi- Piemme, Roma 2020) 89-92.

de nuestra todavía menuda experiencia de vida religiosa, les di el nombre grabado en mi corazón como vocación propia: Comunidad de la Conversión. Las cuatro sentimos al unísono que ese era nuestro nombre y reflejaba nuestra vida y misión. Las tres hermanas que vinieron inmediatamente después completaron la sinfonía iniciada.

Volver

¿Qué experiencia concreta puede desvelar el misterio de un nombre como *conversión*?

Para nosotras era preciso y urgente invocar la gracia de un encuentro que provocara la vuelta a Él. En los primeros tiempos de nuestra Comunidad de la Conversión, a través de la oración, la liturgia, el estudio, la reflexión, el diálogo, nos concentramos humana y espiritualmente en la fenomenología del retorno a Dios, en la espiritualidad de la conversión, en la antropología del encuentro para el que estábamos hechas porque «nuestro corazón está inquieto hasta que descanse en Ti»[3]. Fue un tiempo de enorme fecundidad espiritual, éramos muy poco conocidas, tampoco éramos muy dadas a la exposición pública, éramos mujeres de fe y de contemplación y de estudio que deseábamos compartir lo contemplado.

Todo ello hizo que la *conversión del hombre a Dios* tuviera raíces profundas en nuestra propia vida personal, comunitaria y pastoral. Vivíamos inmersas en una conversión continua y en una oración continua por la conversión del hombre a Dios y, sobre todo, de la Iglesia y de las confesiones cristianas. Comprendíamos que toda búsqueda del hombre, todos sus viajes, sus movimientos interiores, revelaban un anhelo imperioso de encuentro, y no un encuentro cualquiera sino un encuentro de comunión, algo que no solo justificara toda búsqueda, sino que llevase

---

3   Este principio agustiniano descansa en dos soportes: uno, dinámico, la inquietud, no estar parado sino en búsqueda; otro, estático: el descanso en Ti, la llegada, el encuentro con un Tú. Para nosotras eso supuso la explicación de la existencia humana, su vida y su destino.

a una plenitud de la propia humanidad y al encuentro íntimo con Aquél que era nuestro origen, camino y destino.

Para recorrer el camino de la conversión nos hicimos esta pregunta: ¿por qué volver?

Si nos hicimos esa pregunta, fue porque la precedía otra: ¿por qué vino Él? La conversión hunde su sentido pleno en el hecho encarnatorio, porque ahí reside la respuesta definitiva y total. «Levantad la cabeza, se acerca vuestra liberación» (Lc 21,26). Volvemos porque hemos sido encontrados[4], porque Él vino a nosotros y esta es la razón de la esperanza cumplida y del necesario retorno, porque realmente estamos llamados a un encuentro, abiertos a la alteridad, a lo otro, a los otros, al Otro[5]. Antes de partir nosotros hacia el encuentro se ha aproximado Él: la esperanza es una virtud fundamentada[6]. «Cuando nosotros éramos incapaces de volver a Ti...», Tú viniste a nosotros sorprendiéndonos[7]. ¡Este era el principio de partida del tornaviaje, de la vuelta a Dios, del retorno del hombre! «Bendito sea el Señor... que nos ha visitado y redimido» (Lc 1, 68).

Volvemos porque somos suyos, suyos, suyos («Canción del agua nocturna», Leopoldo Panero). Nuestra vida es un don suyo y nuestra libertad es creatural, somos seres referentes, nuestra existencia habla de Otro del que venimos, al que amamos y conocemos, al que volvemos. «Tuya soy, para Vos nací» (santa Teresa de Jesús). Esto es ser hombre: ser de Dios (san Agustín, *Confesiones* I, 1, 1). La criatura humana cree que alejándose de Dios crece, se sacude la minoría de edad. Pero, distanciándose de Él pierde humanidad, se distorsionan sus bordes, sus límites, su identidad. La distancia con Dios rompe con la unidad que nos identifica.

---

4 Cf. Agustín, *Ciudad de Dios* 12, 27, 1. A pesar de que «la raza humana es la más proclive a la discordia, por pasión y la más sociable por naturaleza».

5 Cf. J. G. Ascensio, *Romano Guardini e il pensiero esitenziale* (Cantagalli, Siena 2017).

6 Cf. F. Kafka, *El proceso* (Austral, Madrid 2017). El original fue publicado póstumamente en 1925.

7 Cf. L.-M. Chauvet, *Un Dio che sorprende* (Qiqajon, Magnano 2024).

Volvemos porque anhelamos una comunión. La intuición agustiniana sobre la vida como comunión, comunidad, unidad[8] puede ser una de las respuestas porque rige la vida una ley impresa en lo más íntimo de todo lo creado que orienta a todo ser hacia la unidad, hacia la comunión, desde el ser más pequeño al más grande, desde lo creado que se pierde en el infinito hasta lo creado que se aprecia en un laboratorio, desde lo más ínfimo a lo más grande guarda una armonía gracias a esta ley. Guarda lo creado un vínculo en su misma entraña que le hace ser en relación[9]. Por eso el hombre y Dios están llamados a encontrarse.

Por tanto, volver a Él no es una iniciativa del hombre, es más bien una respuesta a una llamada creatural y, por tanto, no es un fracaso ni una derrota del hombre, no es una condena ni una deshonrosa capitulación de lo humano sino llevar a cumplimiento el designio original. Es, en todo caso, conquistar la salida de la caverna, del reino de las sombras. Es encontrar el "sitio" para el que estamos hechos[10], es hallar a un tiempo la liberación y al Libertador[11]. La conversión es más bien el sabio abandono a la fuerza gravitatoria por la que somos atraídos por Él («Atráeme, Señor, para que vuelva» Lam 5, 21), porque su amor y su gracia no sólo nos preceden, sino que gravitan en nosotros como un *ostinatto*, al que nuestra libertad puede acallar o puede responder, adhiriéndose.

Volvemos porque otros también nos han precedido. En los inicios reparamos constantemente en el papel mediador de los santos, de las personas cercanas que volvieron a Él, de las que han acompañado con el signo de la amistad y la acogida incondicional nuestras vueltas y re-vueltas, las que se acogieron a nosotras para poder retornar a Dios.

Comenzamos así un trabajo pastoral intenso en los fines de semana, en los que acogíamos grupos a los que dábamos *claves de vida*

---

8   Cf. Agustín, *De Ordine* 1, 2, 3.

9   Cf. Id., *Litt* 130, 2, 4; *De Ordine* 2, 8, 15; *Conf.* 4, 9, 14. Sin comunión no se puede vivir ni siquiera la misma interioridad, aunque ella permanezca cerrada en sí misma.

10   Cf. Id., *De Ordine*, I,I, 3; II, IV, 11; I,I, 1; *Conf.* VIII, IX, 10.

11   Cf. Ibid., IX, 1, 1.

sobre los temas cruciales de la fe. Comenzamos por la conversión. Además, en estos primeros años decidimos aproximarnos a una encrucijada humana, el Camino de Santiago, con el fin de encontrarnos cara a cara con el hombre peregrino, venido de cualquier parte que busca algo que desconoce. Allí, humildemente, nos apostamos nosotras, como una estrella en el camino.

2.2. COMUNIÓN

No se vuelve de la nada hacia la nada, el vacío no sostiene nada. Se vuelve porque nos atrae el Amor de Dios y a Él mismo se vuelve. Hemos sido llamados a vivir a imagen de la Comunión trinitaria, como el Padre y el Hijo y el Espíritu, con el Padre y el Hijo, en el Espíritu. Toda la existencia es comunión a imagen de Aquella, hasta llegar a Aquella, de la que somos, en la que nos movemos y existimos (Hch 17, 28) porque no hay comunión más amable y atrayente que la del Padre y el Hijo. Ahí está nuestro origen y también está nuestro sentido y destino último. Vivir no es otra cosa que estar destinado/a a conocer (Jn 17, 3) esta comunión («como nosotros», Jn 17, 11) y a entrar en ella («en nosotros» Jn 17, 21). Este es el sentido de la vida humana y esta es en realidad la Vida Eterna (Jn 17, 3).

El empeño de nuestra Comunidad no ha sido otro sino hacer de la comunión una forma de vida, trabajando por la comunión y la unidad en todos los ámbitos de nuestra pequeña y humilde existencia: en el seno de nuestra mismas relaciones comunitarias; promoviendo la cultura de la comunión y la unidad en el tejido social, en nuestra sociedad, en el lugar donde vivimos, en las relaciones con nuestros hermanos y hermanas, con toda persona humana que se acerca o está lejos, con la gente con la que contactamos; sobre todo con aquellos que tienen más dificultad para vivir esta realidad y sufren por ella.

Los pasos intermedios

El itinerario carismático de nuestra comunidad recoge dos pasos intermedios entre la conversión y la comunión.

Misericordia

El primer paso intermedio fue la compasión porque alguien alcanzado por la gracia recibe de ella la compasión hacia todo ser viviente. Para nosotras, la primera llamada fue hacia los alejados de Dios, los que se pierden, esos eran y son nuestros pobres a custodiar, en primer lugar.

Conocer a Dios como Misericordia, supuso para todas nosotras conocerle como Padre y entrar por el camino de la paternidad en las relaciones fundantes no solo de la vida humana sino también de la vida teologal, de la vida espiritual, de nuestra fe.

A través del Padre, revelado por el Hijo, en el Espíritu, comprendimos que todo partía de ahí, de la fuente trinitaria que era el caudal de Gracia y Bondad, Belleza, Amor y Comunión incesante. Partir del Dios tres veces Amor y Misericordia no solo nos llevó a la contemplación de Dios en su intimidad y transcendencia sino también a comprender el misterio de nuestra identidad: ser hijos. Si la conversión nos reveló la identidad del ser humano como "ser de Dios", la paternidad de Dios nos ha revelado la nueva identidad: ser hijos suyos, hijos en el Hijo.

La filiación divina ha supuesto ver el mundo y los seres creados con el sello de origen porque todo ha sido creado en estado de filiación. Un paso importante fue recalar en la gracia de la creación, conocer a Dios Padre, creador, y sentir que ese era el inicio al que debíamos volver por la fe. Si la filiación nos desveló nuestra relación con el origen y la transcendencia, la fraternidad nos desveló el vínculo horizontal que nos une entre sí a todos los hombres entre nosotros y con todo lo creado. Hermano sol, luna, agua, viento, muerte… Hermanos y hermanas, nacidos de la misma entraña de misericordia y amor.

No solo a la misericordia debíamos la fundamentación antropológica y teológica del mundo relacional sino también la comprensión de las crisis más profundas que se producen en las relaciones fundantes y así poder ayudar pastoral y espiritualmente a tantos y a tantas a encontrar el sentido de toda relación y la sanación de las heridas que surgen en ella. De aquí ha surgido un largo y profundo camino referido a las relaciones fundantes: pater/maternidad, filiación, fraternidad.

Nuestra propia vocación se ve referida a María, seno de misericordia, para nosotras el modelo de morada de Dios en la tierra, la de entrañas dilatadas, la que acoge como Madre a todos los hijos. «Todas mis fuentes están en Ti, Santa madre de Dios».

Reconciliación

¿Cómo vivir una comunión cuando la vida está llena de deudas pendientes, de lazos sin desatar, de resentimientos y de desconfianzas, de rencores y heridas sangrantes? La reconciliación guarda muchas semejanzas con la conversión[12], como lo atestigua ya el judaísmo[13], el Antiguo Testamento está sembrado de personajes que "siguieron la ruta de los hombres perversos" y que posteriormente fueron redimidos y retornaron a Dios[14].

Ha sido la falta de reconciliación el dique o el muro que cerraba toda posibilidad de comunión en las relaciones humanas y con Dios. Lo que más nos sorprendió en el acompañamiento personal era que la reconciliación y el perdón estaban menos evangelizados que la misericordia y la compasión. Era más difícil ponerse frente a un enemigo

---

12 La reconciliación es la antesala de la paz, que nadie ha dicho que no sea fruto de una lucha o de un compromiso radical de vida, que hace posible una verdadera comunión, aceptando diversidades y diferencias, pero no bandos, contiendas, oposiciones beligerantes. La paz de la concordia. Quien no es capaz de vivirlo no será capaz de vivir una verdadera comunión.

13 El género midráshico nos relata un bello ejemplo de esta forma de ver las cosas: cuenta a los niños, en forma de preguntas y respuestas, qué es lo que Dios creó antes que el mundo: la *teshubá*, o la posibilidad de retorno, de experimentar el perdón, de poder volver los ojos a Dios reconociendo el error, el fracaso de los propios caminos, el pecado. El volver a la casa del Padre, en la parábola cristiana del hijo pródigo.

14 "Fracaso", en: *Diccionario de Pensamiento contemporáneo* (San Pablo, Madrid 1997) 575.

como acto de reconciliación que ponerse ante una persona desvalida como acto de misericordia[15]. Quizás ha sido uno de los procesos más incomprendidos, difíciles y complejos de nuestros trabajos pastorales. Siendo un hito clave para llegar a la comunión os indico algunos puntos clave para su mejor comprensión

La reconciliación es obra del Hijo

«En el Nombre de Cristo: Dejaos reconciliar con Dios» (2Cor 5, 20). En esto manifiesta la Pascua de nuestra redención. En el Hijo hemos entrado en las aguas bautismales y en Él recibimos el segundo y laborioso bautismo que renueva constantemente la gracia en nosotros[16]. Este es el origen de toda reconciliación y perdón y de aquí debemos partir.

La reconciliación y la realidad encarnatoria del hombre

Somos una receptividad hospitalaria, viva, abierta y activa, dispuesta a estar disponible para ser habitada, sin embargo, sentimos al otro como *hostes* o *inimicus* no como huésped, *hospes*, *amicus*, amigo. La acogida es ya un primer paso en la reconciliación con el otro, del que no sospecho, sino al que le brindo una cercanía.

Nuestra comunidad ha comprendido que la reconciliación es un acto de recogimiento, de re-encuentro, que requiere y ha de ser una aproximación de aquellos que estaban distantes y vivían a la intemperie. La proximidad nos ha llevado al cercamiento al otro en su cotidianidad[17]. Necesitamos habitar, bajo un techo, en un lugar seguro, eso hace posible la reconciliación. Necesitamos el perdón porque nuestras vidas no son perfectas y el perdón es la vía para una reconciliación y comunión. Lo hemos experimentado en nuestra vida comunitaria setenta veces siete

---

15 Se trata de relaciones de desigualdad lo que demuestra que somos más duros con nuestros iguales que con los que viven una situación diversa a la nuestra.

16 Cf. Tertuliano, *De poenitentia* VII, 10; Gregorio Nacianceno, *Oratio*, 39, 17; Juan Damasceno, *De fide orthodoxa*, Lib IV, c. 9.

17 Cf. J. M. Esquirol, *La resistencia íntima. Ensayo de una filosofía de la proximidad* (Acantilado, Barcelona 2022) 62.

y esto ha sido lo que nos ha permitido una nueva mirada sobre mi hermana, afrontando su alteridad y a la vez el lazo que nos une.

La conciencia

En un acto reconciliación se reconoce toda la vida del hombre, cómo perdonas es cómo amas, cómo vives, cómo reaccionas ante la realidad… La educación de la conciencia es el básico indispensable, no solo para reconocer los límites entre el bien y el mal, sino para encontrar las razones para un perdón y una reconciliación. Necesitamos una pedagogía previa, una disciplina de vida basada en la reconciliación y el perdón, una educación y formación que hagan a la persona capaz de reconocer el mal, el pecado, la pulsión y el impulso hacia el odio, la venganza, la envidia[18], una capacidad de interioridad y de encuentro para que la vida bascule y gire desde el interior al exterior y viceversa.

Liturgia y perdón

«Él pone una mesa en frente de mis enemigos» (Sal 23). El Buen Pastor que nos lleva por todos los caminos de la vida, los valles fecundos y los pasos de muerte, no desdeña esta frontalidad necesaria con el perdón que he de recibir y que debo de dar. Y, es en la liturgia eucarística donde esto se vive como paso ineludible hacia la comunión. Estamos sentados en la gran Mesa del Amor que no admite ni el odio, ni la violencia, ni la malquerencia, ni todo aquello que rompe la comunión con el hermano. La comunión con el Cuerpo de Cristo ha de ser real y solo así es fecunda y transfigura el mundo presente. Por ello, esta es una vivencia cotidiana de nuestra comunidad en la que se restaura y re-crea la vida común, la comunión y la fraternidad. «Antes de poner la ofrenda en el altar… Ve a reconciliarte con tu hermano» (Mt 5, 23-25).

---

18   Alargando el cuidado sobre este tema, añadiría la necesaria "reconciliación de los sentidos", que haría posible, como mediadores, de una acogida de lo bueno, lo noble, lo bello, lo acorde, una verdadera encarnación, una evangélica vida bienaventurada, una humanidad más humana que no significa laica, y distante de Dios, sino al contrario, fiel a su designio.

Si la reconciliación es la antesala de la comunión en ella se pone de manifiesto la importancia de los vínculos, de las relaciones, del mundo afectivo, del mundo de la conciencia[19]. Perdonamos como somos, como vivimos, perdonamos y nos reconciliamos como vivimos el amor, la compasión y la misericordia. Los que tienen déficit de amor tienen déficit de misericordia y déficit de reconciliación porque en su vida ha emergido, como defensa, el arma de la violencia o de la sospecha o de la distancia defensiva. El cuidado de este aspecto se inicia al entrar en el monasterio porque es en las relaciones interpersonales donde se aprende a perdonar y a reconciliarse, a ejercer los buenos vínculos con la familia, la comunidad, los amigos/as, las personas que frecuentamos.

Mientras vamos de camino

La reconciliación es una realidad dinámica, un Emaús cotidiano y requiere estar atento al Dios que se hace presente, interrumpe nuestros caminos de huida y de alejamiento para hacernos volver. Y no solo la atención, sino la rápida actuación para no dejar pasar el mal y dejar que venza el bien. Hay un ejercicio diario que en comunidad entra dentro de la disciplina de la caridad: acortar las distancias que nos separan a causa de un conflicto; buscar una aproximación no un alejamiento para resolver, mientras vamos de camino; y vencer el mal a fuerza de Bien.

La reconciliación restaura el principio primero de Dios: la armonía entre los seres creados, entre los hombres, entre estos y Dios.

La fraternidad herida

La reconciliación es un modo de vivir la conversión continua a la filiación y a la fraternidad. El hermano mayor no se reconciliará con su hermano menor porque no se sabe hijo, es un huérfano en la casa del Padre. Y, el hijo menor vuelve porque, aunque bastardamente ha

---

19   Cf. R. Sala, *L'umano possibile. Esplorazione in uscita dalla modernità* (LAS, Roma 2012).

reconocido un padre. «Iré a mi padre y le diré: Padre…» (cfr. Lc 15).
La reconciliación es la posibilidad de restaurar *los vínculos fundantes
rotos o perdidos*.

La reconciliación como profecía

Ante el mundo, la verdadera profecía del Amor incondicional de
Dios hacia el hombre será la que responde afirmativamente al mandato
de Dios: «Ve a Nínive» (Jn 3, 2). El profeta no solo va y anuncia lo que
vendrá; el profeta ha de volver allí donde fue esclavo, donde fue herido,
donde fue expulsado, para anunciar el amor de Dios a todos, a todos.

Fruto del encuentro

Cuando amamos al otro, al más perdido, y este siente que ha
sido buscado no es que le revelemos un amor y una amistad sencillamente, sino que le dotamos de un acceso al Amor sin fin, que da vida,
abundante y eterna. Quien nos hace volver nos hace capaces de amar
como somos amados y de reconciliarnos con Dios y con la propia vida.
Solo el amor provoca la maravilla, el milagro, abre los muros, rompe las
distancias, hace posible lo imposible. Es el Amor el que nos hace volver
(«Siempre estaré volviendo a casa», Sal 23, 6).

3. Conclusión

Comencé hablando de la distancia y de la urgencia de acortarla
y transformarla en proximidad entre Dios y el hombre y de los hombres
entre sí y con lo creado. El primer paso a dar es volverse a Él, encontrarnos y reencontrarnos en Él, vivir en Él, recopilar en Él todas las cosas del
cielo y de la tierra, recogernos en Él, así como los granos dispersos por
las colinas están llamados a no formar más que uno, hacernos próximos:
Dios y el hombre y entre nosotros… para no formar más que uno y descansar en Él, haciendo de esta cercanía y comunión la morada de Dios
entre los hombres, el reposo al que aspiramos tras nuestro peregrinar.

158

Así hemos entendido nosotras, las Hermanas de la Comunidad de la Conversión, cómo la conversión, la misericordia, la reconciliación y la deseada comunión son hitos hacia el Destino último porque «inquieto está nuestro corazón hasta que descanse en Ti» (*Confesiones* I, 1,1).

EDICIONES UNIVERSIDAD SAN DÁMASO

Catálogo completo en *http://www.sandamaso.es/tienda/*
Pedidos a SOLUZIONO   T. 91 447 35 66
info@soluziono.com   www.soluziono.com

PRESENCIA Y DIÁLOGO

74   Víctor Manuel Tirado San Juan (ed.), *Ampliación de la razón. Acercamiento histórico y sistemático* (2024) 432 pp. ISBN: 978-84-17561-96-3

73   Juan Carlos Carvajal Blanco – Rafael Delgado Escolar (eds.), El Ritual de la Iniciación Cristiana de Adultos. *Claves de acceso* (Evangelización y catequesis 2; PPC – UESD 2024) 174 pp. ISBN: 978-84-288-4170-2

72   Juan de Dios Larrú (ed.), *Vulnerabilidad, enfermedad y muerte. Reflexiones a la luz de la carta* Samaritanus bonus. *VI Jornadas de Actualización teológico-pastoral para Sacerdotes* (2023) 111 pp. ISBN: 978-84-17561-84-0 [8 €]

71   José Antúnez Cid (ed.), *El mal. Jornada de filosofía 2021* (2023) 292 pp. ISBN: 978-84-17561-64-2 [14 €]

70   Pilar Fernández Beites, *El dinamismo de la vida moral. Desde un realismo no naturalista* (2022) 304 pp. ISBN: 978-84-17561-58-1 [14 €]

69   Alfonso García Nuño (ed.), *El tema de nuestro tiempo. Jornada de filosofía 2022* (2022) 182 pp. ISBN: 978-84-17561-61-1 [10 €]

68   Juan Carlos Carvajal Blanco – Rafael Delgado Escolar (eds.), Directorio para la Catequesis. *Acogida y perspectivas* (Evangelización y catequesis 1; PPC – UESD 2022) 216 pp. ISBN: 978-84-288-3963-1 [15,50 €]

67 GABRIEL RICHI ALBERTI (ed.), *Ministros de Cristo en el cambio de época. V Jornadas de Actualización teológico-pastoral para Sacerdotes* (2022) 142 pp. ISBN: 978-84-17561-50-5 [8 €]

66 JUAN DE DIOS LARRÚ (ed.), *Generatividad y esperanza* (2022) 169 pp. ISBN: 978-84-17561-43-7 [10 €]

65 ROSARIO NEUMAN LORENZINI (ed.), *Cuatro alocuciones sobre el cuerpo. Entre el cuerpo expandido y el mundo de la vida* (2021) 118 pp. ISBN: 978-84-17561-38-3 [6 €]

64 GABRIEL RICHI ALBERTI (ed.), *Era digital y anuncio del Evangelio. IV Jornadas de Actualización Pastoral para Sacerdotes* (2021) 155 pp. ISBN: 978-84-17561-33-8 [8 €]

63 JACINTO CHOZA, *Historia del mal* (2021) 252 pp. ISBN: 978-84-17561-31-4 [12 €]

62 JUAN MANUEL BURGOS (ed.), *Personalismo y metafísica. ¿Es el personalismo una filosofía primera?* (2021) 143 pp. ISBN: 978-84-17561-19-2 [disponible form. electr.]

61 ALEJANDRO TRAPERO (ed.), *Lo estético* (2020) 230 pp. ISBN: 978-84-17561-20-8 [12 €]

60 RAÚL SACRISTÁN LÓPEZ, *Movidos por el amor. Estudio del dinamismo afectivo* (2020) 230 pp. ISBN: 978-84-17561-17-8 [10 €]

59 GABRIEL RICHI ALBERTI (ed.), *Madrid 2020: evangelizar la gran ciudad. III Jornadas de Actualización Pastoral para Sacerdotes* (2020) 250 pp. ISBN: 978-84-17561-11-6 [12 €]

58 JUAN CARLOS CARVAJAL BLANCO (ed.), *La religiosidad popular, ámbito evangelizador. II Jornadas de Actualización Pastoral para Sacerdotes* (2019) 156 pp. ISBN: 978-84-17561-06-2 [10 €]

57 VÍCTOR M. TIRADO (ed.), *El alcance del pensamiento de Francisco Suárez. Una mirada en el cuarto centenario de su muerte. Jornada de Filosofía 2016* (2019) 170 pp. ISBN: 978-84-16639-85-4 [disponible form. electr.]

56 JOSÉ ANTÚNEZ CID (trad.), *Estado, democracia y cuestión religiosa* (2018) [traducción del manuscrito de VITTORIO POSSENTI] 169 pp. ISBN: 978-84-16639-91-5 [12 €]

55 JUAN DE DIOS LARRÚ (ed.), *El misterio de la acción conyugal. Perspectivas abiertas a 50 años de* Humanae Vitae (2018) 140 pp. ISBN: 978-84-16639-90-8 [disponible form. electr.]

54 GERARDO DEL POZO ABEJÓN – JUAN CARLOS CARVAJAL BLANCO (eds.), *Parroquia misionera* (2018) 222 pp. ISBN: 978-84-16639-84-7 [10 €]

53   José María Magaz – Juan Miguel Prim Goicoechea (eds.), *F. Ximénez de Cisneros. Reforma, conversión y evangelización* (2018) 326 pp. ISBN: 978-84-16639-73-1 [14 €]

52   Mercedes Hurtado del Solo, *La belleza del canto al servicio de la fe en Joseph Ratzinger/Benedicto XVI* (2018) 231 pp. ISBN: 978-84-16639-66-3 [disponible form. electr.]

51   Víctor Manuel Tirado San Juan (ed.), *La persona. Jornada de Filosofía 2015* (2018) 190 pp. ISBN: 978-84-16639-69-4 [10 €]

50   José María Magaz Fernández (ed.), *Mártires, la victoria sobre los ídolos* (2017) 230 pp. ISBN: 978-84-16639-60-1 [12 €]

49   Nicolás Álvarez de las Asturias (ed.), *Avilistas del siglo XX* (2017) 226 pp. ISBN: 978-84-16639-48-9 [12 €]

48   Juan de Dios Larrú (ed.), *El camino de la misericordia* (2016) 152 pp. ISBN: 978-84-16639-38-0 [12 €]

47   Nicolás Álvarez de las Asturias (ed.), *El IV concilio de Letrán en perspectiva histórico-teológica* (2016) 288 pp. ISBN: 978-84-16639-17-5 [12 €]

46   Philibert Secretan, *Reforma protestante y filosofía. Tres lecciones y un epílogo* (2015) 85 pp. ISBN: 978-84-15027-83-6 [6 €]

45   José Antúnez Cid (ed.), *La representación. Jornada de filosofía* (2015) 302 pp. ISBN: 978-84-15027-87-4 [12 €]

44   Gerardo del Pozo Abejón – Ignacio Serrada Sotil (eds.), *Fe cristiana y ateísmo en el siglo XXI* (2015) 207 pp. ISBN: 978-84-15027-82-9 [12 €]

43   Jordi Girau Reverter, *¿Cristiano filósofo o filósofo cristiano? La filosofía a la luz del Magisterio de la Iglesia* (2015) 374 pp. ISBN: 978-84-15027-71-3 [disponible form. electr.]

42   Juan Carlos Carvajal Blanco (ed.), *La misión que nace de la alegría del encuentro. En el surco de* Evangelii gaudium (2015) 237 pp. ISBN: 978-84-15027-72-0 [12 €]

41   Gabriel Richi (ed.), *Juan XXIII y Juan Pablo II. Testigos para nuestro tiempo* (2015) 224 pp. ISBN: 978-84-15027-66-9 [12 €]

40   Manuel Oriol (ed.), *El asentimiento religioso. Razón y fe en J.H. Newman* (2015) 210 pp. ISBN: 978-84-15027-65-2 [12 €]

39   José María Magaz (ed.), *Los riesgos de la fe en la sociedad española* (2014) 201 pp. ISBN: 978-84-15027-62-1 [12 €]

38   Jordi Girau Reverter (ed.), *Jornada de filosofía 2012. La Sabiduría* (2014) 149 pp. ISBN: 978-84-15027-48-5 [12 €]

37   Juan Carlos Carvajal Blanco (ed.), *Emplazados para una Nueva Evangelización* (2013) 292 pp. ISBN: 978-84-15027-40-9 [12 €]

36   Nicolás Álvarez de las Asturias (ed.), *"San Juan de Ávila, doctor de la Iglesia* (2013) 131 pp. ISBN: 978-84-15027-39-3 [8 €]

35   Andrés García Serrano – Luis Sánchez Navarro, *"Dichosos los que escuchan la Palabra". Exégesis bíblica y lectio divina* (2012) 137 pp. ISBN: 978-84-15027-29-4 [8 €]

34   Manuel Aroztegi Esnaola, *La causa formal del matrimonio según San Buenaventura (IV Sent d 26)* (2012) 244 pp. ISBN: 978-84-15027-26-3 [12 €]

33   Roberto López Montero, *Tertuliano y las manos de Dios* (2012) 110 pp. ISBN: 978-84-15027-23-2 [disponible form. electr.]

32   Luis Sánchez Navarro (ed.), *Escudriñar las Escrituras. Verbum Domini y la interpretación bíblica* (2012) 115 pp. ISBN: 978-84-15027-18-8 [7 €]

31   José Mª Magaz – Nicolás Álvarez de las Asturias (eds.), *La Reforma Gregoriana en España* (2011) 211 pp. ISBN: 978-84-15027-15-7 [12 €]

30   Agustín Giménez González – Luis Sánchez Navarro (eds.), *Canon, Biblia, Iglesia. El canon de la Escritura y la exégesis bíblica* (2010) 251 pp. ISBN: 978-84-15027-04-1 [12 €]

29   José María Magaz (ed.), *Los partidos confesionales españoles* (2010) 175 pp. ISBN: 978-84-96318-99-1 [10 €]

28   HH. Oblatas de Cristo Sacerdote, *Sacerdocio de Cristo y santidad sacerdotal* (2010) 96 pp. ISBN: 978-84-96318-97-7 [6 €]

27   Javier Prades – Eduardo Toraño (eds.), *La razón de la esperanza* (2010) 236 pp. ISBN: 978-84-96318-93-9 [12 €]

26   Carmen Álvarez Alonso, *Teología del cuerpo y Eucaristía* (2010) 178 pp. ISBN: 978-84-96318-88-5 [disponible form. electr.]

25   María Lacalle – Andrés Martínez (eds.), *La familia. Recursos y conflictos en la sociedad contemporánea* (2009) 212 pp. ISBN: 978-84-96318-85-4 [10 €]

24   José María Magaz (ed.), *La Iglesia en los orígenes de la España contemporánea* (2009) 287 pp. ISBN: 978-84-96318-80-9 [15 €]

23   Alfonso Pérez de Laborda (ed.), *El dios de Aristóteles.* νόησις νοήσεως (2009) 409 pp. ISBN: 978-84-96318-75-5 [20 €]

22   Manuel del Campo Guilarte (ed.), *La pedagogía de la fe. Al servicio del itinerario de iniciación cristiana* (2009) 341 pp. ISBN: 978-84-96318-76-2 [20 €]

21   Eduardo Toraño – Javier Prades (eds.), *Dios es amor. Extensión Universitaria* (2009) 185 pp. ISBN: 978-84-96318-70-0 [10 €]

20   Ignacio Carbajosa – Luis Sánchez Navarro (eds.), *Palabra Encarnada. La Palabra de Dios en la Iglesia* (2008) 137 pp. ISBN: 978-84-96318-68-7 [8 €]

19   José María Magaz (ed.), *Los obispos españoles ante los conflictos políticos del siglo XX* (2008) 293 pp. ISBN: 978-84-96318-59-5 [15 €]

18   Andrés Martínez Esteban (ed.), *El Seminario de Madrid. A propósito de un Centenario* (2008) 272 pp. ISBN: 978-84-96318-53-3 [15 €]

17   José María Magaz (ed.), *El Cantar de los Cantares y el arte. Jornada de Arte Sacro* (2007) 102 pp. ISBN: 978-84-96318-47-2 [6 €]

16   Ignacio Carbajosa – Luis Sánchez Navarro (eds.), *Entrar en lo antiguo* (2007) 173 pp. ISBN: 978-84-96318-45-8 [10 €]

15   Javier Prades – Eduardo Toraño (eds.), *Educar en la verdad* (2007) 188 pp. ISBN: 978-84-96318-42-7 [8 €]

14   Alfonso Pérez de Laborda (ed.), *Jornada sobre la analogía* (2006) 263 pp. ISBN: 978-84-96318-28-1 [14 €]

13   Alfonso Pérez de Laborda (ed.), *Naturaleza* (2006) 216 pp. ISBN: 978-84-96318-29-8 [11 €]

12   Manuel del Campo Guilarte (ed.), *La comunicación de la fe* (2006) 281 pp. ISBN: 978-84-96318-25-0 [disponible form. electr.]

11   Javier Prades (ed.), *En busca del padre. Extensión Universitaria* (2006) 183 pp. ISBN: 978-84-96318-24-3 [8 €]

10   Juan José Pérez-Soba Diez del Corral, *El corazón de la familia* (2006) 398 pp. ISBN: 978-84-96318-20-5 [20 €]

9   José Mª Magaz Fernández (ed.), *Isabel la Católica hija de la Iglesia. Jornada sobre Isabel la Católica en el V Centenario de su muerte* (2006) 196 pp. ISBN: 978-84-96318-18-2 [disponible form. electr.]

8   José Mª Magaz Fernández, *Autocrítica de la modernidad. La providencia en la historia según Donoso Cortés* (2004) 186 pp. ISBN: 978-84-96318-04-5 [8 €]

7   Andrés-Gallego – Otero Novas – Pérez-Soba – Vide, *La Nación y el Nacionalismo: contribuciones para un diálogo* (2004) 160 pp. ISBN: 978-84-96318-08-3 [8 €]

6   Javier Prades (ed.), *La esperanza en un mundo globalizado* (2004) 192 pp. ISBN: 978-84-96318-09-0 [8 €]

5   Manuel del Campo Guilarte (ed.), El Catecismo de la Iglesia Católica. En el X aniversario de su promulgación (2004) 210 pp. ISBN: 978-84-96318-07-6 [9 €]

4   Javier Prades (ed.), *La voz que yace bajo las voces* (2003) 242 pp. ISBN: 978-84-93270-57-5 [9 €]

EDICIONES UNIVERSIDAD SAN DÁMASO

3   JUAN JOSÉ PÉREZ-SOBA DIEZ DEL CORRAL (ed.), *"Para ser libres Cristo nos ha liberado" (Ga 5,1)* (2003) 240 pp. ISBN: 978-84-93270-58-2 [disponible form. electr.]

2   ALFONSO PÉREZ DE LABORDA (ed.), *Dios para pensar. El Escorial 2002* (2003) 242 pp. ISBN: 978-84-93270-55-1 [9 €]

1   JAVIER PRADES (ed.), *El misterio a través de las formas* (2002) 198 pp. ISBN: 978-84-96270-52-0 [disponible form. electr.]

STUDIA THEOLOGICA MATRITENSIA

32 RAÚL OROZCO RUANO (ed.), *Notas evangélicas para una cristología. Marie-Joseph Le Guillou* (Series Le Guillou 22; 2023) 106 pp. ISBN: 978-84-17561-80-2 [10 €]

31 GABRIEL RICHI ALBERTI (ed.), *Marie-Joseph Le Guillou. Textos sobre el ecumenismo (1948-1965)* (Series Le Guillou 19; 2022) 278 pp. ISBN: 978-84-17561-52-9 [20 €]

30 BAUDOUIN DE LA BIGNE (ed.), *Marie-Joseph Le Guillou et L'apostolicité de l'Église et la succession apostolique de la Commission Théologique Internationale* (Series Le Guillou 18; 2021) 507 pp. ISBN: 978-84-17561-41-3 [30 €]

29 GABRIEL RICHI ALBERTI (ed.), *Marie-Joseph Le Guillou y el Institut Supérieur d'Études Œcuméniques* (Series Le Guillou 17; 2021) 342 pp. ISBN: 978-84-17561-35-2 [25 €]

28 GABRIEL RICHI ALBERTI (ed.), *Marie-Joseph Le Guillou. Textos sobre la Iglesia* (Series Le Guillou 15; 2020) 448 pp. ISBN: 978-84-17561-10-9 [30 €]

27 GABRIEL RICHI ALBERTI (ed.), Les noces de l'Agneau *de Marie-Joseph Le Guillou* (Series Le Guillou 14; 2019) 346 pp. ISBN: 978-84-16639-93-9 [25 €]

26 JAIME LÓPEZ PEÑALBA (ed.), *Marie-Joseph Le Guillou. La charité, forme des vertus* (Series Le Guillou 12; 2018) 282 pp. ISBN: 978-84-16639-80-9 [20 €]

25 JESÚS IGLESIAS COBO (ed.), *El dosier "Intercélébration Pentecostale" de Marie-Joseph Le Guillou* (Series Le Guillou 11; 2018) 320 pp. ISBN: 978-84-16639-76-2 [25 €]

24 GABRIEL RICHI ALBERTI (ed.), *Marie-Joseph Le Guillou. Séjour en Grèce 1956-1957* (Series Le Guillou 10; 2018) 425 pp. ISBN: 978-84-16639-68-7 [30 €]

23 JAIME LÓPEZ PEÑALBA (ed.), *Marie-Joseph Le Guillou. La vie chrétienne dans l'Église et dans le monde* (Series Le Guillou 9; 2017) 836 pp. ISBN: 978-84-16639-57-1 [30 €]

STUDIA PHILOSOPHICA MATRITENSIA

8   ALFONSO GARCÍA NUÑO, *Lo metafísico en Xavier Zubiri* (2023) 1366 pp. ISBN: 978-84-17561-59-8 [50 €]

7   JEAN HÉRING, *Fenomenología y filosofía religiosa. Estudio sobre la teoría de la conciencia religiosa* (2019) 248 pp. ISBN: 978-84-16639-97-7 [20 €]

6   SANTIAGO GARCÍA ACUÑA, *La revelación como prolegómeno para una filosofía de la religión. Esbozo sobre la fenomenalidad incondicionada e irreductible de los fenómenos de revelación* (2018) 1266 pp. ISBN: 978-84-16639-72-4 [45 €]

5   FRANZ BRENTANO, *La psicología de Aristóteles, con especial atención a la doctrina del entendimiento agente* (2015) 334 pp. ISBN: 978-84-15027-81-2 [27 €]

4   ALFONSO GARCÍA NUÑO, *El carácter salvífico de la cultura en Ortega y Gasset (1907-1914)* (2014) 243 pp. ISBN: 978-84-15027-55-3 [25 €]

3   DAVID TORRIJOS CASTRILLEJO, *San Alberto Magno. Introducción a la metafísica. Paráfrasis de san Alberto Magno al primer libro de la Metafísica de Aristóteles* (2013) 471 pp. ISBN: 978-84-15027-37-9 [30 €]

2   VÍCTOR TIRADO SAN JUAN, *Teoría del arte y belleza en Platón y Aristóteles. La idea de la estética* (2013) 217 pp. ISBN: 978-84-15027-33-1 [disponible form. electr.]

1   JAN WOLENSKI – PABLO DOMÍNGUEZ, *Lógica y Filosofía* (2005) 274 pp. ISBN: 978-84-96318-14-4 [25 €]

EDICIONES UNIVERSIDAD SAN DÁMASO